Jean-Claude Parfait EKOMI ABOUE

Homme d'Alliance

Jean-Claude Parfait EKOMI ABOUE

Homme d'Alliance

Marcher avec Dieu

Éditions Croix du Salut

Imprint
Any brand names and product names mentioned in this book are subject to trademark, brand or patent protection and are trademarks or registered trademarks of their respective holders. The use of brand names, product names, common names, trade names, product descriptions etc. even without a particular marking in this work is in no way to be construed to mean that such names may be regarded as unrestricted in respect of trademark and brand protection legislation and could thus be used by anyone.

Cover image: www.ingimage.com

Publisher:
Éditions Croix du Salut
is a trademark of
Dodo Books Indian Ocean Ltd. and OmniScriptum S.R.L publishing group

120 High Road, East Finchley, London, N2 9ED, United Kingdom
Str. Armeneasca 28/1, office 1, Chisinau MD-2012, Republic of Moldova, Europe
Printed at: see last page
ISBN: 978-620-6-17080-8

HOMME D'ALLIANCE

Le but de toute œuvre de l'Esprit Saint ne vise guère à apporter des philosophies de réflexions ou, discussion ; mais à recréer en nous le principe de vie surnaturelle au-delà des cinq sens. Où, Dieu, le Dieu Très-Haut, agit en nous et au travers des vases que nous sommes sans limitation aucune. C'est cela le but de la présence du Saint-Esprit en nous.

La réussite d'un homme sur la Terre dépend en majeure partie, des enseignements de son guide spirituel. Car, ce dernier détient les révélations sur plusieurs mystères de la vie. Mais, toute connaissance qui ne vous garde pas dans l'humilité et la soumission au Dieu Très Haut et à Yeshua Son Fils, est une perte pour votre âme.

Le premier pas du changement est la connaissance. Et à la connaissance nous devrions ajouter inéluctablement la connaissance.

La connaissance nous ouvre le chemin de l'expérimentation ; qui, elle seule nous conduit à une réelle connaissance de soi ;

Or, la connaissance de soi, reviendrait à découvrir le trésor que nous sommes, connaitre parfaitement ses aptitudes, et ses faiblesses ; et à savoir surfer sur cette connaissance pour se réaliser dans la vie ; elle est gage de confiance en soi.

Il y a des êtres célestes qui sont gardiens des secrets du Divin, et qui ont pour mission de les transmettre aux saints ; et tu fais partie de ces saints qui doivent représenter le Divin au plus haut degré que ne permet la grâce sur ta vie ;

« Afin que l'on sache que Jésus Christ est Seigneur et que le règne du Très-Haut domine sur celui des hommes, Je t'élève en ce jour. Amen ! Jésus-Christ »

Genèse 12 : 1-3 « *L'Eternel dit à Abram : Va-t-en de ton pays, de ta patrie, et de la maison de ton père, va dans le pays que Je te montrerai.*

Je ferai de toi une grande nation. Et Je te bénirai : Je rendrai ton nom grand, et tu seras une source de bénédiction.

Je bénirai ceux qui te béniront et Je maudirai ceux qui te maudiront et toutes les familles de la Terre seront bénies en toi. » **Louis Segond**.

Prélude

Je n'oublierai jamais ce jour, où, dans ma chambre à coucher, je m'interrogeais pour savoir : « comment, *je sortirai de cette galère ? Quel était le but de ma présence sur Terre ?* » Tant de frustrations vécu, des échecs à répétitions ! Des nuits sombres ; des journées aussi sombres que des nuits sans éclats, ni clarté de lune pouvant les illuminées.

Je savais que, j'étais en Alliance avec le Ciel, et que le Dieu Très Haut s'était révélé à moi. Que cela n'était pas le fruit de mon imagination. Le Très Haut m'avait bien visité ce jour, IL m'avait fait la grâce de pouvoir, dans son immense bonté, voir les richesses qui s'attachent à mon appel en Jésus mon Seigneur et Sauveur. Mais, une chose demeurait, je ne vivais point dans cette grâce.

Quelle frustration !

Désespéré par ma situation, le Père décida de m'enseigner l'Alliance, au moyen du Saint-Esprit.

Puissiez-vous, vivement vivre dans l'Alliance tissée avec le Dieu Très Haut, notre Père, au travers de Jésus notre Seigneur, telle est ma prière dans le Nom de Jésus ! Amen !

Daniel

Introduction

Le désir du Très Haut a été toujours de vivre en parfaite harmonie avec l'homme qu'IL a créé, et ce malgré le fait qu'il ait péché ; de lui (homme) permettre de participer à Sa divine nature.

Si toutefois, le problème du péché a pu être réglé ; grâce au précieux Sang de Jésus qui a coulé à la Croix du calvaire, beaucoup reste néanmoins loin des objectifs voulus et programmés par le Très Haut, notre Père à leur sujet.

Aussi, en revisitant ce sujet, au-delà des connaissances purement livresques, un repositionnement spirituel sera manifesté dans la vie de chaque enfant, serviteur, fils, fille, homme et femme de Dieu qui liront ce livre, à la gloire de Dieu notre Père Céleste.

Que le *Dieu Très-Haut*, Père de notre Seigneur Jésus-Christ vous bénisse.

Amen !

LA COMPREHENSION DE L'ALLIANCE

Puisqu'il nous est permis de parler de l'Alliance, il nous faudrait en éplucher le sujet de long en large, pour la comprendre sous un angle plat, afin de recadrer certains excès et bâtir avec Dieu comme de sages architectes.

Trop d'approximations ont été malheureusement, le partage de cette génération du fait de certains fracas incohérents, ou placés hors contexte ; créant ainsi, de la confusion dans les esprits de plusieurs saints. Ce constat accablant, nous oblige, à revisiter cette notion.

Je tiens à le rappeler, il ne sera nullement question de partager des enseignements livresques dans cette partie, mais de recadrer notre compréhension, par des lumières qui nous conduiront dans la pratique, à un respect du Divin et du Sacrée dans l'Eglise, tout en étant des acteurs actifs, collaborant étroitement avec le Ciel, pour l'établissement du Règne de Dieu et de l'accomplissement de Sa volonté dans nos vies.

Car, il ne faudra pas oublier que nous ne serons pas admis au Ciel, sur la base du nombre d'âmes que nous aurons fait entrer au Ciel, quoique le plan du Salut reste le Centre des actions du Père sur la Terre. Nous y serons admis, sur la base du fait que nous aurions au préalable confessé nos péchés à Dieu notre Père, et reçu Jésus comme Seigneur et Sauveur de nos vies ; Tout en ayant conservé l'huile (la Communion du Saint-Esprit) au cours de notre passage sur la Terre.

Et c'est ce qui nous vaudra, l'accès au Ciel. Et quand je parle de la communion du Saint-Esprit, la collaboration étroite pour la réalisation du plan poursuivi par le Dieu Très Haut dans nos vies y est incluse.

Si nous faisons un arrêt sur ces passages du livre de

Matthieu 25 : 14-15 ; 20 « *Il en sera comme d'un homme qui partant pour un voyage, appela ses serviteurs, et leur remit ses biens.*
Il donna cinq talents à l'un, deux à l'autre, et un au troisième, à chacun selon sa capacité, et il partit.
Celui qui avait reçu les cinq talents s'approcha, en apportant cinq autres talents, et il dit : Seigneur, tu m'as remis cinq talents : voici, j'en ai gagné cinq autres.
Son maître lui dit : C'est bien, bon et fidèle serviteur : tu as été fidèle en peu de chose. Je te confierai beaucoup : entre dans la joie de ton maître. » **Louis Segond**.

Cet homme a été jugé bon et fidèle et, est entré dans la joie de son maître, sur le fait qu'il a fructifié les grâces qu'il avait reçu de lui.

Tandis que,

Matthieu 25 : 24-25 « *Celui qui n'avait reçu qu'un talent s'approcha ensuite, et il dit : seigneur, je savais que tu es un homme dur, qui moissonnes où tu n'as pas vanné.*

J'ai eu peur et je suis allé cacher ton talent dans la terre : voici, prends ce qui est à toi.

Son maître lui répondit : Serviteur méchant et paresseux, tu savais que je moissonne où je n'ai pas semé, et que j'amasse où je n'ai pas vanné :

Il te fallait donc remettre mon argent aux banquiers, et, à mon retour, j'aurais retiré ce qui est à moi avec un intérêt.

Otez-lui donc le talent, et donnez-le à celui qui a les dix talents. » **Louis Segond.**

Cet autre serviteur a été jugé méchant et infidèle, et a donc raté la joie de son maître.

Et c'est justement, cette incompréhension qui pousse plusieurs à se lancer dans de l'activisme religieux. Comme le déclare, le Seigneur dans,

Apocalypse 3 : 1 « *Ecris au messager de l'Eglise de Sardes : Ainsi parle Celui qui possède l'Esprit de Dieu dans Sa plénitude et qui tient les sept étoiles : « Je connais tes façons d'agir, Je sais que tu passes pour avoir de la vie, mais en réalité, tu es mort.* » » **Parole Vivante.**

Or, comme je le disais tantôt, il n'est pas toujours question de salut des âmes lorsque nous parlons d'Alliance avec le Ciel. Mais de rendre témoignage à la Vérité, à la Lumière.

Jean 1 : 6-8 « *Il y eut un homme envoyé de Dieu son nom était Jean.*
Il vint pour servir de témoin, pour rendre témoignage à la lumière, afin que tous crussent par lui.
Il n'était pas la lumière, mais il parut pour rendre témoignage à la Lumière. »
Louis Segond.

En rendant témoignage à la Lumière ou Vérité, il se peut qu'il y ait salut des âmes. Et c'est là, le véritable but poursuivi par Dieu notre Père. Et c'est en rendant témoignage à la Vérité que des âmes se laissant convaincre et toucher par le Saint-Esprit passeraient des ténèbres à Son Admirable Lumière.

Il se peut même qu'en rendant témoignage à la Lumière, qu'aucune âme ne se convertisse et que vous en soyez au contraire la cible de leur méchanceté.

Jean 1 : 5 « *La Lumière luit dans les ténèbres et les ténèbres ne l'ont point reçue.* » **Louis Segond.**

Matthieu 12 : 39-42 « *Il leur répondit : Une génération méchante et adultère demande un miracle : il ne lui sera donné d'autre miracle que celui du prophète Jonas.*

Car de même que Jonas fut trois jours et trois nuits dans le ventre d'un grand poisson, de même le Fils de l'homme sera trois jours et trois nuits dans le sein de la Terre.

Les hommes de Ninive se lèveront au jour du jugement, avec cette génération et la condamneront parce qu'ils se repentirent à la prédication de Jonas : et voici, il y a ici plus que Jonas.

La reine du midi se lèvera, au jour du jugement, avec cette génération et la condamnera, parce qu'elle vint des extrémités de la Terre pour entendre la sagesse de Salomon et voici, il y a ici plus que Salomon. » **Louis Segond**.

Mais vous devez garder à l'esprit qu'il n'est pas question dans un premier temps du salut des âmes, mais de rendre témoignage à la Lumière, lorsque nous parlons d'Alliance avec le Ciel. Et c'est très important ce que je dis, cela vous rendra sage au salut et vous éviterait des excès de zèle.

Fracas incohérents et pris hors contexte

Un autre point qui apparait comme une incohérence, du fait de son utilisation hors contexte et sans révélation aucune, reste la recommandation du Seigneur Jésus utiliser par plusieurs, dans tous les sens pour prétexter dans le fond, l'activisme religieux dans lequel, ils entrent et se livrent en se lançant dans des destinées ecclésiastiques et **en les imposant** à d'autres, sous prétexte de,

Matthieu 28 : 18-20 « *Jésus S'étant approché, leur parla ainsi : Tout pouvoir M'a été donné dans le Ciel et sur la Terre.*

Allez, faites de toutes les nations des disciples, les baptisant au Nom du Père, du Fils et du Saint-Esprit.

Et enseignez-leur à observer tout ce que Je vous ai prescrit. Et voici, Je suis avec vous tous les jours, jusqu'à la fin du monde. » **Louis Segond**.

Ce qui fait que la plupart de tous ceux qui se lancent dans ces carrières, le font, non sur la base d'un véritable et réel appel du Seigneur Jésus, à ce qu'ils embrassent ce couloir dans lequel ils se lancent. Mais plutôt, dû au fait qu'ils ont le jugement en tête : « *Le Seigneur Jésus me demandera des comptes à Lui rendre, s'agissant du nombre d'âmes que j'aurai sauvé* ».

Plutôt que ce soit, au travers des dons et talents qu'IL a mis en nous pour que nous fassions des nations des disciples, nous essayons de le faire par nos techniques purement humains. Car, c'est selon les compétences enfouis et investis-en nous par le Saint-Esprit que nous devrons Lui rendre des comptes, et non sur ce que nous ne possédons pas. Au manguier, on exigera la mangue et non pas une banane. C'est au-delà de sa compétence.

Non, l'appel ecclésiastique n'est pas la seule manière d'être en Alliance, avec Dieu notre Père, les alliances sont multiples selon le besoin du Ciel sur la Terre. Et au travers de chacune d'elles, il est possible de faire des disciples à la gloire de Dieu notre Père et de notre Seigneur Jésus-Christ. Il est possible de faire des disciples au travers de la louange et de l'adoration, au travers de la science, de la politique, des sports etc…

I Corinthiens 12 : 4-6 *« Il y a diversité de dons, mais le même Esprit.*

Diversité de ministères, mais le même Seigneur ;

Diversité d'opérations, mais le même Dieu qui opère tout en tous. » **Louis Segond.**

Diversité d'opérations ⟶ Différentes manières pour Dieu d'agir, pour atteindre un résultat donné ; donc de faire des disciples.

Nous en parlons en long et en large des ministères ecclésiastiques dans le livre, *« Je veux Te servir Jésus »* du même auteur.

Ce sur quoi, nous voulons nous appesantir, est que toutes alliances avec le Ciel, vise et visera toujours à rendre témoignage dans un premier temps à la Lumière, à la Vérité.

Suis-je un homme d'alliance ?

A la question, nous essayerons par contre de répondre en définissant, homme d'alliance. Ainsi, saurons-nous, si nous le sommes ou pas.

Qu'est-ce qu'un homme d'Alliance ?

Un homme d'alliance est une source de bénédiction, pour l'ensemble des hommes, des peuples ou des nations. C'est un canal par lequel, Dieu le Père, se propose d'apporter des réponses et solutions aux problèmes divers que rencontrent ses contemporains. Un homme d'alliance diffère de ses frères, en ce sens que ses frères peuvent être des bénédictions pour d'autres, selon les cas de figures. Mais, lui, demeure par la grâce du Dieu Très Haut, une source de bénédictions ; non pas une bénédiction ponctuelle, mais, une source de bénédictions. Une personne que l'on peut écouter, fréquenter qui a une influence considérable sur tous les domaines de la vie et de la société (spirituel, social, économiques voire politique). Oui ! C'est cela un homme d'alliance.

Genèse 23 : 6 (a) « *Ecoutes-nous, mon seigneur, nous te considérons comme un prince de Dieu au milieu de nous* » **Bible Semeur**.

Car, le Dieu Très Haut a choisi de faire de Lui, cette source de bénédictions.

Genèse 12 : 1-3 « *L'Eternel dit à Abram : Va-t-en de ton pays, de ta patrie, et de la maison de ton père, dans le pays que Je te montrerai.*

Je ferai de toi une grande nation. Et Je te bénirai : Je rendrai ton nom grand, et tu seras une source de bénédiction.

Je bénirai ceux qui te béniront et Je maudirai ceux qui te maudiront et toutes les familles de la Terre seront bénies en toi. » **Louis Segond**.

Cela peut prêter à confusion certaines personnes, mais nous éclaircirons ces propos en parlons de la Grande Alliance.

LA GRANDE ALLIANCE

Le livre des **Actes des Apôtres** en son **chapitre 4 : 12** nous dit ceci : « *Il n'y a de salut en aucun autre ; car il n'y a sous le Ciel aucun autre nom donné parmi les hommes, par lequel nous devions être sauvés.* » **Louis Segond**.

II Corinthiens 5 : 19 « *Car Dieu était en Christ, réconciliant le monde avec Lui-même, en n'imputant point aux hommes leurs offenses…* » **Louis Segond**.

Dieu refaisait, sinon a refait une Alliance avec l'Homme avec Christ : Avec Jésus. Ainsi, tous ceux qui s'allieront au Dieu Très Haut par Jésus-Christ recevront le pardon des péchés et la vie éternelle.

I Corinthiens 15 : 21-22 « *Par un homme, la mort a fait son entrée dans ce monde ; il fallait donc que la résurrection vienne aussi par un homme.*
En effet, étant de la race d'Adam, tous les hommes sont voués à la mort par solidarité avec lui et avec sa faute. De même, à cause du Christ, et du fait de leur union avec Lui, tous seront ramenés à la vie. » **Parole Vivante**.

C'est cela la Grande Alliance, celle qui concerne le pardon des péchés et la vie éternelle.

Il y a derrière cette Grande Alliance, ce que nous appellerons des sous-alliances. Ces dernières consistent à créer des plateformes sur lesquelles, Dieu pourra réaliser Ses desseins éternels : en confiant des projets ou des plans conçus de toute éternité à certains hommes. Qui, lorsqu'ils auront répondu à l'appel sur leur vie, vont œuvrer en collaboration avec le Saint-Esprit pour poursuivre, à la réalisation de ces visions particulières, en veillant à poursuivre les buts fixés par le Dieu Très Haut.

Jérémie 29 : 11 (a) « *Car Je connais les projets (les pensées et plans) que J'ai formé sur vous, dit l'Eternel* ». **Bible détaillée.**

Et de ces sous-alliances les enfants de Dieu, Ses serviteurs vont être orientés à Le servir, dans ces visions célestes pour leur totale réalisation. Il ne sera donc pas question, après le salut de nos âmes de rester oisif. Mais de rentrer, dans une sous-alliance, selon que le Saint-Esprit nous aurait convaincu, d'en faire partie selon la prédestination.

Exode 31 : 1-2 « *L'Eternel parla à Moïse, et dit :* **Sache que <u>J'ai choisi</u>** *Betsaleel, fils d'Uri, fils de Hur, de la tribu de Juda* » **Louis Segond.**

Exode 31 : 3-6 « Et *Je l'ai rempli de l'Esprit de Dieu qui lui confère de l'habilité, de l'intelligence et de la compétence pour exécuter toutes sortes d'ouvrages,*

Pour concevoir des projets et les exécuter en or, en argent et en bronze,

Pour tailler des pierres à enchâsser, pour sculpter le bois. Ainsi il pourra réaliser toutes sortes d'ouvrages.

Je lui ai donné pour aide Oholiab, fils d'Ahisamak, de la tribu de Dan et, de plus, J'ai accordé un surcroît d'habilité à tous les artisans experts, afin qu'ils soient capables d'exécuter tout ce que Je t'ai ordonné. » **Semeur.**

Où veut-on en venir ?

Revenons sur l'homme d'alliance ; tout homme d'alliance le devient non de lui-même, par son propre chef. Mais par la volonté de Celui qui vit au siècle des siècles. Tout homme d'alliance est un choix souverain du Dieu Très Haut.

Hébreux 5 : 5 « *Il en est de même pour le Christ, ce n'est pas Lui qui S'est attribué, de Son propre chef, l'honneur de devenir Grand-Prêtre, mais c'est Dieu qui Lui a déclaré : Tu es Mon Fils ; aujourd'hui, <u>Je fais de Toi</u> Mon enfant.* » **Bible Semeur.**

Je fais de Toi $\Longrightarrow$ C'est une décision de Mon propre conseil de tisser alliance avec Toi ; pas une manipulation. Ou un désir naissant d'une jalousie ou d'une envie dans le cœur d'une tierce personne de vouloir prouver à d'autres qu'elle est capable d'en faire autant ; de faire telle chose pour Dieu, sans une profonde conviction du Saint-Esprit, dans ce sens.

Ma pensée doit être claire, de sorte qu'elle ne se prête pas à de fausses interprétations.

Tout le monde n'est pas un homme d'Alliance ; il existe des hommes d'Alliance ; dans notre génération nous pouvons en citer dans le domaine ecclésiastique David OYEDEPO, Terry Macalmon, Darlène Zesch, Dag Heward etc… Avec ces contemporains, il est plus aisé de comprendre ce que nous appelons des hommes d'alliances ; les autres s'intègrent à leurs visions : aux visions célestes qu'ils ont reçu de Dieu notre Père.

Mais, tout n'est pas concentré uniquement que dans le domaine ecclésiastique. Il existe des hommes d'Alliance ayant la grâce de fonder des multinationales, d'autres dans le domaine des nouvelles technologies, d'autres dans la louange selon qu'ils seraient allés jusqu'au bout de la vision céleste qu'ils auraient reçu ; selon le pouvoir qu'ils auraient reçu du Dieu Très Haut ou du Seigneur Jésus-Christ.

Luc 10 : 19 « *Voici, Je vous ai donné le pouvoir de marcher sur les serpents et les scorpions, et sur toute la puissance de l'ennemi ; et rien ne pourra vous nuire.* » **Louis Segond**.

Or, sur la Terre, le pouvoir est de quatre ordres bien distinct :

- Le pouvoir ecclésiastique (la domination ou l'influence du domaine spirituel de la nation) ;
- Le pouvoir moral (la capacité d'influencer positivement les valeurs repères, de la société) ;
- Le pouvoir Social (la capacité d'améliorer le bien-être, le quotidien de notre prochain) ;
- Le pouvoir Economique (la capacité à multiplier les richesses, et à en posséder en abondance).

Et c'est de ce tout en un (pouvoir) dont parle le Seigneur Jésus, dans ce verset de **Luc 19**. Dieu peut avoir choisi de travailler avec une personne, dans l'un des quatre points.

Et, le fait que le Père nous garde sur la Terre, bien après avoir reçu le pardon des péchés et la vie éternelle, n'est rien d'autre que, pour la poursuite de ces visions célestes : de ces buts. Où chacun de nous devra s'intégrer, et jouer sa partition ; selon :

I Corinthiens 7 : 17 « *Seulement que chacun marche selon la part que le Seigneur lui a faite, selon l'appel qu'il a reçu de Dieu. C'est ainsi que j'ordonne dans toutes les églises* » **Louis Segond.**

II Corinthiens 4 : 6 « *Car Dieu, qui a dit : La lumière brillera du sein des ténèbres ! A fait briller la lumière dans nos cœurs pour faire resplendir la connaissance de la gloire de Dieu sur la face de Christ* » **Louis Segond.**

II Corinthiens 4 : 6 (b)-7 « *... Pour y faire resplendir la connaissance de la gloire de Dieu qui rayonne du visage de Jésus-Christ.*

*Mais ce trésor, nous le portons dans les vases faits d'argile que nous sommes, pour que ce soit la puissance extraordinaire de Dieu qui se manifeste, **<u>et non notre propre capacité</u>**.* » **Bible Semeur.**

DIEU

Psaumes 119 : 130 « *Quand on découvre Tes paroles c'est la lumière : et les gens sans détour y trouvent le discernement.* » **Bible Semeur**.

Psaumes 119 : 130 « *La révélation de Tes paroles éclaire, elle donne de l'intelligence aux simples.* » **Louis Segond**.

Comme il est beau de savoir ces choses : Il y a

Ephésiens 4 :6 « *Un seul Dieu et Père de tous qui règne sur tous, qui agit par tous et qui est en tous* » **Bible Semeur**.

- Alors pourquoi, parle-t-on des dieux ?
- Ces dieux ne sont que des idoles.
- Donc, des dieux quand même !

Que dis-je donc ?

I Corinthiens 10 : 19 (c) « *… Qu'une idole est quelque chose ? Nullement.* » **Louis Segond**.

Alors qu'est-ce que c'est qu'une idole ?

Une idole est une créature ou création, une chose qui a été créé par le Dieu unique et que certaines personnes désireuses de rentrer en communion avec le Dieu unique, font appel inconsciemment ou dans l'ignorance (à ses êtres ou créatures) en leurs offrant certaines fois, sinon le plus souvent la louange ou l'adoration ou encore des sacrifices.

Car,

Ecclésiaste 3 : 11 (b) « *… Il a implanté au tréfonds de l'être humain le sens de l'éternité.* » **Bible Semeur**.

Le sens de l'éternité $\implies$ Le désir d'être en relation et en communion avec Lui.

Or,

I Thimothée 1 : 17 « *Au Roi éternel, immortel, invisible, au seul Dieu, soient honneur et gloire pour l'éternité* » **Bible Semeur**.

Pourquoi en faisons-nous le détour, par cette notion d'idole ?

Dieu est immense, et infini. IL ne saurait être comparé à des vulgaires êtres. La grossièreté de notre intelligence, peut souvent nous jouer des tours, en pensant que notre pensée se rapprocherait de la splendeur et de la gloire du Dieu infini et majestueux. Non, Dieu ne peut être comparé à aucun être céleste.

Esaïe 46 : 5 « A *qui Me comparerez-vous ? De qui Me rendrez-vous l'égal ? A qui M'assimilerez-vous pour que Nous soyons comparables ?* » **Bible Semeur.**

Esaïe 40 :18 « *A qui comparerez-vous Dieu ? Et comment Le représenterez-vous ?* » **Bible Semeur.**

Même la plus illuminée des intelligences, ne serait que grossière devant des approximations qui ne se rapprochent guère, du Beau et du Magnifique.

Oui,

Apocalypse 15 : 4 « *Qui oserait, Seigneur, refuser de Te révérer et de Te rendre gloire ? Car Toi seul, Tu es saint ; et toutes les nations viendront pour se prosterner devant Toi, car il deviendra manifeste que Tes actions sont justes.* » **Bible Semeur.**

Et nous Te louons, de ce que :

I Thessaloniciens 2 : 3 (a) « *… Nous ne sommes pas les victimes de quelque illusion trompeuse.* » **Parole Vivante.**

I Jean 5 : 20 (c) « *…Nous sommes dans le Véritable, en Son Fils Jésus-Christ* » **Louis Segond.**

Très important ce que je dis, car

I Thimothée 1 : 19 « *... Cette conscience, quelques-uns l'ont perdu, et ils ont fait naufrage par rapport à la foi.* » **Louis Segond.**

Du fait, de la gloire, du prestige, et des avantages liés à la poursuite des visons ou projets conçu par Dieu de toute éternité.

I Jean 5 : 20 (a) « *Mais nous savons aussi que le Fils de Dieu est venu et qu'IL nous a donné l'intelligence pour que nous connaissons le Dieu véritable.* » **Bible Semeur.**

Jude 1 : 25 « *Au Dieu unique qui nous a sauvés par Jésus-Christ notre Seigneur, à Lui appartiennent la gloire et la majesté, la force et l'autorité, depuis toujours, maintenant et durant toute l'éternité !...* » **Bible Semeur.**

I Thimothée 6 : 16 « *Lui seul est immortel. Sa demeure est bâtie au sein de la lumière inaccessible à tous. Nul parmi les humains ne l'a vu de ses yeux, aucun ne peut Le voir. A Lui soient à jamais l'honneur et la puissance ! Amen.* »**Bible Semeur.**

Oui, il est très important de comprendre cela, de l'accepter et de vivre dans cette vérité. Je me permettrai de partager avec vous cette parabole, inspirée par le Saint-Esprit pour que vous vous en laissiez pénétrer.

Parabole :

Il en est de cette génération comme de l'histoire d'un homme voulant venir en aide à des hommes confrontés à la guerre, ayant des conditions de vie triste et difficile, qui décida de mettre à leur disposition son avion privé pour les sortir de cet inconfort, vers un territoire où il ferait bon et mieux vivre. Leur promettant et les assurant de mettre ses moyens à leurs dispositions pour les aider à rebâtir leurs vies et à les assister au quotidien, sitôt arriver à bon port.

Face à cette promesse et devant les périples et risques que vivaient ces hommes, ils choisirent de le suivre. Durant la durée du trajet, certains commencèrent à murmurer et à se plaindre et à se liguer contre lui : « *qu'as-tu eu à faire, en nous sortant de chez nous ? N'avions-nous pas nos vies entre nos mains ? Certes nous vivions certaines difficultés mais, nous ne dépérissions pas comme depuis que nous avons eu à te suivre* ». L'homme leur répond : « mes *amis, je sais quelle peine vous vivez et tous les bouleversements de votre quotidien. Mais attendez, que nous soyons arrivés chez moi, vous ne manquerez de rien, je vous aime tant que je ne peux me résoudre à vous voir vivre au milieu de tant de difficultés. Gardez votre calme, tout au long du parcours j'aurai soin de vous* ».

Les hommes rétorquent : « nous *en avons marre de cette situation par laquelle tu nous fais passer. Il aurait été mieux pour nous de n'avoir jamais eu à te suivre.* Comment échapperons-nous à cette aviation d'ennemi qui flotte dans les airs ?». « *Mes amis* leurs répond-il, *ayez patience, nous volerons au-dessus d'elle.* ».

Malgré les risques et les efforts pris par cet homme, pris par la pression et les nerfs, une partie de ces hommes décident de sauter l'avion.

« *Ah mes amis !* » Cri l'homme. « *Pourquoi avez-vous fait ce choix ? La vie est si peu de chose à vos yeux ? Ne vous ai-je pas promis mes possessions ? Et vous les avez dédaignés. Je me suis donné tout entier pour vous, et vous m'avez méprisé, ainsi que mes efforts.* »

Il essuya les larmes de ses yeux et se retourna vers le reste, en leur disant : <<*pour vous qui êtes restés je vous promets que jamais plus vous pleurerez, ni souffrirez. Je vous comblerai de joie en ma présence et vous saurez que vous avez choisi la bonne part en me suivant*>>.

Oui, il est important de ce rappelé que nous servons le Dieu unique et véritable. S'il existe diverses manières de rentrer en contact avec le monde des esprits et d'obtenir des résultats visibles et palpables ; car Dieu a également accordé à Satan et ses démons la capacité à faire des miracles, des miracles tangibles et visibles ; mais, nous, nous ne sommes pas de la race

Hébreux 10 : 39 « *...de ceux qui se retirent pour se perdre. Mais de ceux qui ont la foi pour sauver leur vie* » **Louis Segond**.

Et marcher avec Dieu.

Hébreux 11 : 5 « *C'est par la foi qu'Enoch fut enlevé pour qu'il ne vît point la mort et qu'il ne parut plus parce que Dieu l'avait enlevé : car avant son enlèvement, il avait reçu le témoignage qu'il était agréable à Dieu* » **Louis Segond**.

Oui mes frères et sœurs, il nous faut passer par beaucoup de tribulation pour entrer dans le Royaume des Cieux et amener à l'existence les promesses du Père sur la Terre.

Mais,

Matthieu 11 : 12 « *Depuis le temps de Jean Baptiste jusqu'à présent le Royaume des Cieux est forcé, et ce sont les violents qui s'en emparent* » **Louis Segond**.

Les violents ? Ceux qui savent soumettre leurs émotions à la volonté du Dieu Très Haut ou de Jésus notre Seigneur.

LA REVELATION DU DIEU QUE NOUS SERVONS

Rappelons-nous bien avant de commencer, que la Lumière de Dieu : Sa Présence, est inaccessible au sens, et que Dieu habite les lieux très élevés. Par conséquent, IL ne peut être ni appréhendé, ni conçu dans nos pensées. Car, IL échappe à toutes sciences. La plus acéré des intelligences, ne peut s'approcher de Sa description, et en percer les mystères de la science de Sa réflexion. Dieu est inaccessible au sens. Car, toute l'eau des océans ne peut être contenue dans un seau. C'est pourquoi, IL prend plaisir à Se révéler : à montrer une facette inconnue de Lui à Ses créatures et à Ses enfants et de pouvoir les conduire, ou les soutenir au travers de ces révélations de Sa Personne, de Sa pensée, et de Son plan.

Oui, aucune intelligence fusse-t-elle la plus brillante ne peut rencontrer Dieu, si ce n'est par Sa grâce et volonté.

Jean 6 : 44 *Personne ne vient de lui-même à Moi, il ne peut venir que si le Père qui M'as envoyé l'attire* ... **Parole Vivante**.

Personne, aucune créature ne peut pénétrer et sonder, le plan de Dieu ou Sa pensée. Car, Dieu habite les lieux très élevés, et seulement par le biais de Sa volonté que nous pouvons Le connaitre, suivant <u>l'échelle de révélation</u> : la mesure qu'IL nous accorde en Sa Présence.

Esaïe 55 : 8-9 *Car Mes pensées ne sont pas vos pensées. Et vos voies ne sont pas Mes voies, Dit l'Eternel.*

Autant les Cieux sont élevés au-dessus de la terre. Autant Mes voies sont élevées au-dessus de vos voies. Et Mes pensées au-dessus de vos pensées. **Louis Segond**.

Toutefois, il nous faudra néanmoins, chercher à Le connaitre d'une manière aussi claire et évidente que le fait pour nous, de communiquer avec notre conjoint, ou prochain. Car, de cela dépendra la réussite de la mission.

La connaissance de Dieu est essentielle, à la poursuite de toute alliance. Elle vous rassurera et vous permettra de faire face à tout niveau de pression et de réussite en vous gardant, dans l'attitude humble et victorieuse qui devraient vous accompagner.

Dieu est le Très-Haut, cela signifie que c'est Lui qui domine le monde et toute la Création. Ce n'est pas le diable qui domine. Dieu est le Très-Haut, cela signifie qu'IL impose à qui que ce soit, Ses arrêtés. Dieu est le Très-Haut, cela signifie que c'est uniquement Lui, qui accorde à l'un de dominer, d'influencer de posséder un héritage dans toute la Création. C'est Lui qui circonscrit les limites des uns et des autres, et qui définit ce que vous êtes.

Job 1 : 1-11 *L'Eternel répondit à Job du milieu de la tempête et dit :*

Qui est celui qui obscurcit Mes desseins par des discours sans intelligence ?

Ceins tes reins comme un vaillant homme ; Je t'interrogerai, et tu M'instruiras.

Où étais-tu quand Je fondais la Terre ? Dis-le, si tu as de l'intelligence.

Qui en a fixé les dimensions, le sais-tu ? Ou qui a étendu sur elle le cordeau ?

Sur quoi ses bases sont-elles appuyées ? Ou qui en a posé la pierre angulaire.

Alors que les étoiles du matin éclataient en chants d'allégresse. Et que tous les fils de Dieu poussaient des cris de joie ?

Qui a fermé la mer avec des portes ; quand elle s'élança du sein maternel ;

Quand Je fis de la nuée son vêtement, et de l'obscurité ses langes ;

Quand Je lui imposai Ma loi, et que Je lui mis des barrières et des portes ;

Quand Je dis : Tu viendras jusqu'ici, tu n'iras pas au-delà : Ici s'arrêtera l'orgueil de tes flots ? **Louis Segond.**

Ce ne sont pas vos circonstances, ni le milieu social auquel vous appartenez. Ni Satan et ces démons qui fixent ou déterminent ce que vous êtes. C'est le Très-Haut. Il est vrai que ces derniers peuvent faire vivre à plusieurs parmi vous, des vies et destinées contraires à celles prévues par Dieu. Mais, vous devez savoir ceci, que la Lumière du Très-Haut vous a localisé, pour que vous n'en faites plus partie de ce nombre. Et que c'est sur cette vérité que vous allez conquérir, la Terre et régner dans le domaine pour lequel, le Dieu Très-Haut vous a suscité.

C'est cette révélation du Dieu Très-Haut, qui vous permettra de parler avec hardiesse devant vos ennemis, lorsque le Saint-Esprit vous en impose la nécessité. Et que vous n'avez rien à craindre d'eux ; sachant auparavant que vous n'étiez que des poltrons, ou des timides autrefois.

Actes 4 : 18-20 *Et les ayant appelés, ils leur défendirent absolument de parler et d'enseigner au Nom de Jésus.*

Pierre et Jean leur répondirent : Jugez s'il est juste, devant Dieu, de vous obéir plutôt qu'à Dieu ;

Car nous ne pouvons pas ne pas parler de ce que nous avons vu et entendu. **Louis Segond.**

C'est cette révélation du Très-Haut, qui vous permet d'accepter l'épreuve par laquelle vous passez, sachant la douleur physique et émotionnelle que vous subissez, dans le seul but d'atteindre les objectifs que le Dieu Très-Haut a fixé sur vos vies. Les décrets qu'IL a signés sur vos vies.

Jean 19 : 9-11 *Il rentra dans le prétoire, et il dit à Jésus : D'où es-Tu ? Mais Jésus ne lui donna point de réponse.*

Pilate Lui dit : Est-ce à moi que Tu ne parles pas ? Ne sais-Tu pas que j'ai le pouvoir de Te crucifier, et que J'ai le pouvoir de Te relâcher ?

Jésus répondit : Tu n'aurais sur Moi aucun pouvoir, s'il ne t'avait été donné d'en haut. C'est pourquoi celui qui Me livre à toi commet un plus grand péché. **Louis Segond**.

Toute domination, dans le Royaume des Cieux fait appel à la révélation du Dieu Très-Haut. Aucun serviteur, enfant, fils de Dieu, ne peut régner sur la Terre, si, il ne découvre pas au préalable Dieu sous Sa facette, du Dieu Très-Haut. Car, c'est uniquement dans cette vérité devenue réelle, dans la vie d'un enfant de Dieu que la domination peut devenir effective. Non pas qu'elle n'avait pas déjà été arrêté dans le Ciel, mais, il faut un éveil dans la conscience qui vous permettra de marcher dans cette vérité et avec intelligence. Et là vous n'avez pas uniquement besoin des notions sur Dieu ; mais de savoir utiliser toutes ces découvertes du monde spirituel, dans la conscience que vous servez **EL ELYON** (le Dieu Très-Haut) : c'est cela l'éveil dont je parle.

Supposons un élève dans une salle de classe à qui, le professeur enseignerait les tables de multiplications. Imaginer cette élève allant, dans un supermarché et près de la caisse, la caissière lui faisant savoir que l'addition ferait …. En CFA. Que cette élève décide de réciter ses tables de multiplication devant la caissière, cela vous paraîtra stupide et étrange. Ce que Je vous concède ; pour une telle situation, l'élève ne doit pas faire appel aux notions comme un perroquet, mais si l'article coute 125 F/ unité et que vous en avez acheté 6 articles. Vous ne vous mettrez pas à réciter la table de multiplication de 6, devant la caissière. Mais vous utiliserez cette notion dans l'éveil qui vous accompagne, pour dire à la caissière que cela fera 625 F, avec ou pas la monnaie que vous devriez recevoir.

C'est cela l'éveil de conscience qui doit accompagner toute personne étant en alliance avec Dieu. Si vous marcher avec Dieu sous Sa facette du Dieu Très-Haut, naturellement sans douter, vous saurez que rien ne Lui est impossible. Que toutes Ses œuvres défient les lois de la Création : les limites que nous impose la condition humaine. Par conséquent, vous n'y êtes pas soumis non plus, aussi longtemps que vous marchez à ce niveau de révélation, tout devient possible pour vous. Car, vous êtes né de Dieu. Et vous avez reçu Son Esprit. L'épreuve n'apparait plus alors comme une fatalité. Mais comme un chemin devant vous amener, au lieu destiné par le Dieu Très-Haut sur votre vie ; tout comme le vent souffle sur le voilier pour le conduire à bon port. Ainsi en est l'épreuve un moyen mis en place par Dieu, pour vous élever et propulser vers les sommets. Car, la conscience de la race d'aigle ne se fait que par un baptême à haute altitude. Où la femelle aigle balance l'aiglon à plus de 2000 mètres d'altitude. Afin de l'apprendre très tôt qui, il est, et l'amener à voler à ce niveau de révélation d'aigle. Et seul ce baptême de feu, peut le faire asseoir dans la domination du règne des oiseaux. Et l'amener naturellement à ne pas se confondre à d'autres espèces d'oiseaux, en volant bas. Et d'être au-dessus de la hiérarchie des espèces, volant dans les sphères les plus élevées.

Lorsque Dieu Se révèle sous la facette du Dieu Très-Haut, cela signifie qu'un calendrier céleste doit être respecté, des choses doivent prendre place. Et pour cela, Dieu revêt Sa facette du Dieu Très-Haut, comme pour mettre tout le monde d'accord par Sa puissance, que Ses arrêtés demeurent pour toujours devant Sa face. C'est sous cette facette que Dieu réalise les évènements prévus et arrêtés par Lui. Et fait asseoir Sa domination sur toutes choses.

Esaïe 46 : 9-11 *Rappelez-vous les évènements du passé, ceux d'autrefois, car c'est Moi qui suis Dieu, il n'y en a pas d'autre. Oui, Moi seul, Je suis Dieu, et comparé à Moi il n'y a que néant.*

Dès le commencement, J'annonce l'avenir, et longtemps à l'avance ce qui n'est pas encore. C'est Moi qui dis, et Mon dessein s'accomplira, oui, j'exécuterai tout ce que Je désire.

C'est Moi qui appelle d'orient l'oiseau de proie ; d'un pays éloigné, l'homme prévu par Mes desseins. Ce que J'ai déclaré, Je le fais arriver ; ce que J'ai résolu, Je l'exécuterai. **Semeur.**

Lorsque nous sommes sous cette révélation du Dieu Très-Haut, la nécessité nous en est imposée d'exécuter Ses desseins éternels.

I Corinthiens 9 : 16-17 *Si j'annonce [simplement] l'Evangile, ce n'est pas pour moi un sujet de gloire, car la nécessité m'en est imposée, et malheur à moi si je n'annonce pas l'Evangile !*

Si je le fais de bon cœur (de mon propre gré), j'en ai la récompense ; mais si je le fais malgré moi (à contrecœur et sous contrainte), c'est une charge [une tutelle et une commission sacrée] qui m'est [néanmoins] confiée. **Bible détaillée.**

Lorsque nous sommes sous cette révélation du Dieu Très-Haut, Dieu fait asseoir la suprématie de Son règne sur toute chose. Et l'écart d'excellence entre les choses divines et humaines.

Daniel 1 : 17-21 *Dieu accorda à ces quatre jeunes gens de la science, de l'intelligence dans toutes les lettres, et de la sagesse ; et Daniel expliquait toutes les visions et tous les songes.*

Au terme fixé par le roi pour qu'on les lui amenât, le chef des eunuques les présenta à Nebucadnetsar.

Le roi s'entretint avec eux ; et, parmi tous ces jeunes gens, il ne s'en trouva aucun comme Daniel, Hanania, Mischaël et Azaria. Ils furent donc admis au service du roi.

Sur tous les objets qui réclamaient de la sagesse et de l'intelligence, et sur lesquels le roi les interrogeait, il les trouvait dix fois supérieurs à tous les magiciens et astrologues qui étaient dans tout son royaume.

Ainsi fut Daniel jusqu'à la première année du roi Cyrus. **Louis Segond**.

Dieu Maître du Temps

Dieu n'est pas soumis au temps, à l'horloge d'une montre. Ce sont les hommes qui y sont soumis. Dieu n'est soumis qu'à Son calendrier et à Sa parole. C'est pourquoi, Dieu peut appeler un homme de 75 ans (Abram) à Le servir. Et n'est nullement retarder par l'âge de cette personne ; car, l'âge n'est qu'un chiffre. C'est pourquoi Dieu, le Dieu Très-Haut peut donner la domination à un homme d'un très jeune âge, lui confier des responsabilités très élevés.

Jérémie 1 : 6-10 *Je répondis : Ah ! Seigneur Eternel ! Voici, je ne sais point parler, car je suis un enfant.*

Et l'Eternel me dit : ne dis pas : Je suis un enfant. Car tu iras vers tous ceux auprès de qui Je t'enverrai et tu diras tout ce que Je t'ordonnerai.

Ne les crains point, car Je suis avec toi pour te délivrer, dit l'Eternel.

Puis l'Eternel étendit Sa main, et toucha ma bouche ; et l'Eternel me dit : Voici, Je mets Mes paroles dans ta bouche. **Louis Segond**.

Dieu est le Maître des temps, IL n'est pas soumis à l'aiguille d'une horloge ; mais à Son calendrier vous concernant. Car, par des circonstances dirigées par Sa droite, en un instant, IL peut changer plus de quatorze ans de galère. Votre préoccupation doit uniquement être, le calendrier divin vous concernant, et les œuvres que vous devez accomplir en Son Nom et pour Sa gloire. C'est à cela que sert le temps dont vous disposer.

INVOQUER DIEU

Actes 2 : 21 « *Alors quiconque invoquera le Nom du Seigneur sera sauvé.* » **Louis Segond**.

Actes 2 : 21 *Alors quiconque fera appel à Dieu (L'invoquera) sera sauvé, sera secouru, sera délivré, sera restauré, sera rétabli.* **Daniel**.

Invoquer Dieu qu'est-ce que c'est ?

Invoquer Dieu consiste à faire appel à Lui, pour la résolution d'un problème. Ou la mise à disposition par le Ciel, de certaines grâces dont nous avons besoin au cours de notre périple sur la Terre ; en prenant le soin d'appuyer notre invocation sur l'attribut divin de Dieu qui correspondra au domaine que nous ciblons, pour éviter un vice de procédure. L'invocation de Dieu sous un de Ses attributs nous permettra de nous fixer et focaliser, sur le côté administratif du Ciel : sur la nécessité de résoudre la situation en respectant les procédures et les temps fixés par le Ciel. C'est comme rencontré son Père dans un cadre autre que familiale (dans un cadre purement professionnel).

Elle laisse entrevoir l'importance de la mission, le sérieux et la discipline qui doit conduire celui qui invoque Dieu, en se recommandant bien évidemment de notre Seigneur Jésus.

Nous apprendrons à invoquer le Dieu d'Israël, notre Dieu afin d'être sauvé, secouru et de pouvoir collaborer parfaitement avec le Ciel.

Bien avant de pouvoir apprendre à invoquer Dieu, nous allons brosser un léger détour, en rappelant à ceux qui nous lisent que c'est Dieu qui décide de se révéler de la manière dont, IL souhaite. Et le fait qu'IL choisisse particulièrement de se révéler sous une facette, n'est pas fortuit. Cela signifie que derrière cela, se cache la mission, et le rapport administratif si je puis le dire qui se crée entre le Ciel et vous. C'est que le Ciel agira avec vous pour satisfaire à tout ce qui rentre dans ce cas de figure. Donc, à chaque fois que Dieu décidera de se révéler cela, signifiera que le Ciel agira avec vous dans ce cadre qui devient légal. Cela généralise ainsi, les actions du Ciel au travers de votre vie, peut-être pendant une saison ou pas. Toujours est-il que le Ciel agira en respectant ce couloir d'action.

<u>**Invocations**</u>

Première : Dieu Très-Haut, Tu as ordonné que je sois grand dans ce monde ; afin de représenter Nos intérêts, les intérêts de notre Royaume : le Royaume des Cieux. Accorde-moi seulement la grâce de demeurer dans Ton amour, et de T'offrir toujours le meilleur de mon cœur, en remplissant mon cœur d'amour pour Toi. Et accomplis ce dessein sur ma vie, comme Tu le souhaites dans le Nom de Jésus. Et que par le Saint-Esprit, je puisse dominer dans ma génération selon Tes arrêtés, telle est ma prière dans le Nom de Jésus.

Deuxième : O Dieu, Tu es notre Dieu ; et c'est Toi qui nous guéris, guéris nos maladies en ce jour afin que l'on sache que c'est au Nom de Jésus Ton Fils, que nous avons obtenu la guérison de nos corps malades ; et que l'on rende gloire à Ton grand et puissant Nom, dans le Nom de Jésus.

Ces deux invocations de Dieu, diffèrent par leur formule et le but visé par ces formules. Le Dieu Très-Haut fait référence au Dieu qui domine sur tout ce qui existe, qui accorde la domination à qui IL veut, qui donne un héritage à quiconque sur la Terre. Faire appel au Dieu Très-Haut suppose l'établissement du Règne de Dieu et de Christ sur la Terre. A établir la domination de l'Eglise ou du Royaume des Cieux sur la Terre. Tandis que, le Dieu qui guérit n'impose pas nécessairement Sa domination entière, mais guérit uniquement les malades.

Jean 15 :16 « *Ce n'est pas vous qui M'avez choisi. Non, c'est Moi qui vous ai choisis et qui vous ai assigné votre place pour que vous alliez, que vous portiez du fruit et que ce fruit soit durable. Alors **le Père** vous accordera tout ce que vous Lui demanderez **en vous recommandant de Moi**.* » **Parole Vivante.**

L'invocation de Dieu sous Ses différents attributs, fait appel au côté administratif du Ciel, à la nécessité de respecter les calendriers établis par le Ciel, le protocole divin, et à rendre l'honneur qui est dû à Dieu, à rappeler que nous sommes sous l'autorité divine et sous Sa volonté. Tandis que, Père rappelle la filiation qui nous lie à Dieu, qui malheureusement, dans notre génération ne traduit pas, le respect, la crainte ou le sérieux qui doivent nous accompagner. Mais, laisse place à de l'enfantillage dans nos rangs, quoiqu'il n'en devait pas être ainsi ; bien que la filiation avec Dieu nous ouvre les portes de tous les trésors.

L'alliance avec Dieu suppose apprendre à l'invoquer, selon Ses différents attributs et caractéristiques qu'IL est, pour soutenir Ses plans, et les buts qu'IL poursuit derrière Ses plans.

Il est très important, d'apprendre à faire appel à Dieu sous différents attributs et caractéristiques ; car, nous serons dans notre foi confrontés à des situations, où notre autorité en Christ, se trouvera limité où, nous devrons dans ce cas appeler le secours de Dieu, par l'invocation de ces différentes facettes pour obtenir ce dont nous avons besoin, en nous recommandant toujours bien évidemment de Jésus.

Toutes cette connaissance, nous prépare à soutenir les plans et les buts de Dieu dans nos vies. Ce qui nous amène, à parler alors de : ***soutenir les plans de notre Père céleste***.

SOUTENIR LES PLANS DE NOTRE PERE CELESTE

Bien, en tant qu'homme d'Alliance avec grand H, vous allez devoir savoir vous y prendre pour soutenir les projets et les plans de Dieu notre très cher Père. Et pour cela, nous verrons uniquement deux points essentiels.

Les deux points étant :

- L'intercession ;
- Et la Communion du Saint-Esprit.

Nous traiterons principalement de l'intercession dans cette partie, pour avoir déjà eu à traiter en profondeur de la communion du Saint-Esprit dans, le livre : ***Je veux T'adorer ou l'Ere des vrais adorateurs*** aux éditions croix du Salut.

Quoique, la communion du Saint-Esprit soit requise dans une véritable intercession. Mais, nous garderons à l'esprit que nous traiterons de manière pratique sur l'intercession, avec des exemples sur des sujets précis. Nous continuerons de ce fait, notre étude sur le sujet, afin de savoir intercéder en obtenant des résultats plus que probant. En sachant déceler, la position de Dieu au cours de nos intercessions ; donc, nous commenterons notre progression pour une meilleure compréhension. Sur l'Art du Combat Spirituel nous avions déjà soulevé le sujet, mais j'étais resté vague sur la partie commentaire. Donc, nous irons en profondeur.

Différence entre l'intercession et la communion du Saint-Esprit

Pour rappel : L'intercession consiste à supplier, ou convaincre le Père ou le Seigneur Jésus, d'agir d'une certaine manière sur un sujet qui ne respecte pas les principes du Royaumes des Cieux, en Lui donnant les garantis de changement de cette situation. Et en s'appuyant sur, les Saintes Ecritures pour L'amener à changer de position sur le sujet.

Ezéchiel 22 :30 « *Je cherche parmi eux un homme qui élève un mur, qui se tienne à la brèche devant Moi en faveur du pays, afin que Je ne le détruise pas mais Je n'en trouve point.* » **Louis Segond**.

Elle est totalement différente de la communion du Saint-Esprit, qui suppose entretenir une amitié avec Dieu ; et par laquelle, nous obtenons toutes choses de Lui sans nécessairement Lui forcer la main. C'est toute la différence ! La communion obtient tout ce qu'elle souhaite, elle est totalement différente de l'intercession.

Matthieu 9 : 14-15 « *Alors les disciples de Jean vinrent auprès de Jésus, et dirent : Pourquoi nous et les pharisiens jeûnons-nous, tandis que Tes disciples ne jeûnent point ?*

Jésus leur répondit : Les amis de l'Epoux peuvent-ils s'affliger pendant que l'Epoux est avec eux ? Les jours viendront où l'Epoux leur sera enlevé, et alors ils jeûneront. » **Louis Segond**.

Le jeûne ⟹ Fait allusion à l'intercession ; car durant le jeûne nous intercédons sur certains sujets.

Où l'intercession mettrait cinq ans, la communion l'obtiendrait dans l'immédiat, selon évidemment le plan poursuivi par le Ciel (la communion ne demandera jamais ce qui n'entre pas dans la volonté et le but poursuivi par le Père céleste).

Jean 17 : 20-21 « *Ce n'est pas pour eux seulement que Je prie, mais encore pour ceux qui croiront en Moi par leur parole.*

Afin que tous soient un, comme Toi Père, Tu es en Moi, et comme Je suis en Toi, afin qu'eux aussi soient un en Nous, pour que le monde croie que Tu M'as envoyé. » **Louis Segond**.

Jean 11 : 41-42 « *...Et Jésus leva les yeux en haut, et dit : Père, Je Te rends grâces de ce que Tu M'as exaucé.*

Pour Moi, Je savais que Tu M'exauces toujours : mais J'ai parlé à cause de la foule qui M'entoure, afin qu'ils croient que c'est Toi qui M'as envoyé. » **Louis Segond**.

Pour ainsi dire, c'est ceux qui sont dans la communion du Saint-Esprit, ou avec Dieu, pour qui le Seigneur ne laisse pas tomber leurs paroles à terre.

I Samuel 3 : 19 « *Samuel grandissait, et l'Eternel était avec lui et ne laissait aucune de ses paroles rester sans effet.* » **Bible Semeur**.

J'ai voulu utiliser le terme Dieu, pour ceux qui aiment à débattre, en disant : ceux de l'ancienne Alliance, n'étaient pas dans la communion du Saint-Esprit. Oui, tous n'avaient pas cette grâce, mais certains vivaient dans cette communion à l'exemple de David.

Et c'est pour cette catégorie de personne que le Seigneur recommande de demander, afin que leur joie soit parfaite.

Jean 16 : 24 « *Jusqu'à présent vous n'avez rien demandé en mon Nom. Demandez, et vous recevrez, afin que votre joie soit parfaite.* » **Luis Segond**.

Les autres obtiendraient de la part du Seigneur par l'intercession, car, ils ne s'inscrivent pas dans la communion. C'est pourquoi, elles vont à la rencontre d'hommes de Dieu, pour que, eux, prient ou demandent pour eux ce dont elles ont besoin à leur Dieu, selon l'Alliance que ces hommes ont avec le Dieu Très-Haut dans la communion avec Jésus et au Saint-Esprit.

Genèse 12 : 3 (b) « *Toutes les familles de la Terre seront bénies en toi* » **Louis Segond**.

C'est une parenthèse qui, nous permet d'apprécier la communion du Saint-Esprit. Et pour un homme d'Alliance, d'y vivre.

II Corinthiens 13 :14 « *Que la grâce du Seigneur Jésus-Christ, l'amour de Dieu et la communion du Saint-Esprit soient avec vous tous* » **Bible Semeur**.

Saint-Esprit peux-tu me conduire dans l'excellence comme le Père me l'ordonne, car je ne m'y connais pas ; afin que la renommée du Dieu Très-Haut, Père de notre Seigneur Jésus et de Son Christ soit répandu sur la bouche de tous les hommes dans le Nom de Jésus. Amen ! (**Communion**).

Demande possible grâce à la communion, l'intercession aurait suscité beaucoup de protocoles, d'explications, d'arguments, avant soit de satisfaire ou pas aux attentes ou exigences du Ciel.

Pratique de l'intercession

Bien qu'étant ami de Dieu ou de Jésus, et, de bénéficier de la grâce d'être dans Sa Présence, l'intercession reste une arme efficace pour mettre le Ciel en mouvement. Pour amener le Ciel à s'intéresser particulièrement à l'affaire que vous soumettez.

Mais pour ce faire, vous devez grandir dans la connaissance de la Parole, pour avoir une parfaite utilisation des Ecritures en vue, du déploiement du Ciel. Car, l'intercession est comme l'ouverture d'un conseil d'Etat, ou des chambres (Assemblée Nationale ou Senat) qui doit étudier, les raisons pour lesquelles, vous sollicitez l'envoi des troupes en guerre, vous sollicitez une action quelconque de l'Etat dans le sens de votre plaidoirie.

Donc, si votre connaissance et compréhension des Saintes Ecritures, sont caducs, le résultat sera déplorable tant bien même Dieu voudrait que la situation soit autre. Car vous n'aurez pas compris, la nécessité pour vous d'être aux pieds du Maître, et recevoir Son instruction.

Ezéchiel 22 : 30-31 *Je cherche parmi eux un homme qui élève un mur, qui se tienne à la brèche devant Moi en faveur du pays, afin que Je ne le détruise pas ; mais Je n'en trouve pas.*

Je répondrai sur eux Ma fureur, Je les consumerai par le feu de ma colère, Je ferai retomber leurs œuvres sur leur tête, dit le Seigneur, l'Eternel. **Scofield**.

C'est pourquoi, je voudrais partager avec vous cette partie, en vous partageant ces exemples d'intercessions afin de vous donner, un modèle d'utilisation des Saintes Ecritures.

Et que vous en compreniez le principe. Pour voir le Ciel, intervenir dans certaines situations qui ne demandent pas à ce que nous usions de notre autorité, mais plutôt, que nous intercédions.

Exemple d'Intercession

Première : <u>Au sujet de l'annexion de la vallée du Jourdain, et (des implantations Juives) de la Palestine (régions de Samarie et Judée).</u>

Seigneur Jésus que Ta grâce soit mon partage. J'ai envie de partager avec Toi, mon cœur ce matin, au sujet d'Israël Ton peuple.

1 Ah Seigneur ! Je me souviens qu'un jour, Tu posas la question à Ton serviteur Jérémie, lui demandant : *Que vois-tu Jérémie ?* Il Te répondit qu'il voyait une branche d'amandier. Tu lui adressas à nouveau la parole en lui disant : *Tu vois juste Jérémie.*

2 Et Seigneur Jésus, regarde ce qui se dit dans l'actualité, les résolutions de certains hommes constitués en bloc, pour s'il leur est possible sanctionner Israël, de leur volonté d'imposer leur Loi, grâce à l'appui du gouvernement Américain à ces territoires de Judée et de Samarie. Et prétextant que si annexion il doit y avoir, cela doit se faire avec accord bipartite entre Israël et la Palestine. Comme pour les dissuader de mettre leur résolution à exécution sans l'accord de la Palestine.

3 Depuis quand Seigneur Eternel, as-Tu demandé à Josué de négocier avec les Cananéens pour savoir, s'ils l'autorisaient ainsi qu'à Israël de prendre possession de leur héritage : de l'héritage que Tu avais juré à leurs pères de leurs données en possession ? Quelles est cette contrainte que veulent faire peser sur Israël, les gouvernants occidentaux ?

4 Ah Seigneur ! Je me souviens de Ta bonté envers Ton serviteur et Ami Abraham. Comment Tu lui fis la promesse, que Toi le Seigneur de la création donnerait ces territoires arrêtés dans le plan de l'annexion, à lui et à ses descendants. Seigneur Tu le fis, par le concours de Ton conseil et de Ta volonté. Car, à l'Eternel la Terre et ce qu'elle renferme. Et qui obscurcira Ta volonté ? Et qui se lèvera, pour rectifier l'Eternel des Armées, Lui que l'on appelle l'Admirable Conseiller ? N'est-ce pas Toi qui a mis cette pensée dans le cœur des hommes, tout comme Tu T'es servi de Nébucadnetsar roi de Babylone que Tu as appelé Ton serviteur, et que Tu as suscité pour accomplir Ta volonté ?

5 Mais Seigneur vois-Tu, La volonté de l'homme de rectifier Ton conseil, et d'insinuer subtilement, que Tes arrêtés ne subsistent pas sur la Terre ?

6 Tu as dit à Ton serviteur Jérémie qu'il avait bien vu. Car effectivement il était question d'une branche d'amandier. Et Tu poursuivis en lui disant que Tu veilles sur Ta Parole, pour l'accomplir.

7 Ah Seigneur Eternel ! Veuilles-Tu encore une fois de plus, veiller sur Ta Parole, en accomplissant la Promesse faîte à Abraham, le juste, l'Ami de Dieu. En accordant, à ses descendant leur héritage. En faisant droit à sa descendance.

8 Veuilles le Seigneur l'Eternel, intervenir dans cette affaire, en imposant le droit et la justice, garant de la paix avec Dieu. Veuilles l'Eternel donner une issue

¹⁰ favorable, à cette affaire, en mémoire de Son Ami Abraham. Veuilles l'Eternel se souvenir d'Israël Son peuple, selon Sa Parole, *O Israël si Je t'oublie que Ma droite M'oublie* ! O veuilles l'Eternel se souvenir d'Abraham, Abraham pour toujours ! Veuilles l'Eternel donner une fin heureuse à cette affaire, et montrer par-là aux hommes que les arrêtés de l'Eternel des Armées subsistent d'âge en âge. Et que le monde passera, mais que Sa Parole ne passera jamais.

Veuilles l'Eternel se souvenir que s'est Lui, le grand Roi qui incline le cœur des rois, comme un courant d'eau dans Sa Puissante main. Et, que la volonté de ¹¹ Donald Trump, de permettre à Israël d'annexer ces territoires, n'est pas l'œuvre du Diable. Mais, du conseil du Tout-Puissant.

Veuilles l'Eternel des Armées accorder, le faire aux Etats-Unis et à Israël pour ¹² parachever ce que Sa bouche à dit, en Son temps. En l'accomplissant par Sa main (Droite).

¹³ Veuilles l'Eternel des Armées ceindre Son peuple de force et de courage, avec lui tous les vaillants guerriers qui le compose, pour accomplir Sa volonté.

¹⁴ Veuilles l'Eternel des Armées envoyer Son ange, comme IL le fit du temps de Josué, pour combattre au côté de Son peuple Israël, pour assurer la victoire à Abraham.

Veuilles l'Eternel des Armées assuré la protection d'Israël, en réponse aux ¹⁵ attaques qui suivront l'exécution de Ses desseins éternels.

¹⁶ A Abraham pour toujours !

Telle est ma requête ce matin, en faveur de Ton Ami Abraham et de sa ¹⁷ descendance. Telle est l'élan de mon cœur face à ce problème.

Ton serviteur et ami Daniel.

I Jean 5 : 14-15 *C'est pourquoi nous pouvons nous approcher de Dieu avec* ¹⁸*joyeuse assurance, nous sommes certains que, si nous demandons ce qui est conforme à Sa volonté, IL nous écoute.*

Et si nous savons qu'IL nous écoute, nous avons en même temps la certitude que l'objet de nos demandes- quel qu'il soit- nous est déjà acquis. **Parole Vivante.**

Dans notre première intercession, nous remarquerons que nous nous sommes adressés à la Personne du Fils de Dieu : à Jésus. Il aurait été possible de s'adresser également au Père, ou au Saint-Esprit. Dans ces différents cas de figure, les approches auraient été différentes. Mais tout cela reste scripturaire.

Cette approche vise, à ce que le Seigneur Yeshua présente l'affaire, sinon notre intercession au Père. Etudions maintenant, la progression de notre intercession.

1 ⟶ Ouverture de mon intercession, ou formule d'entrée. Lorsqu'on la pénètre on peut déceler derrière cette formule, un acquiescement du Seigneur à ce que je poursuive mon intercession.

2 +3 ⟶ Présentation intelligente de la situation avec appui sur la Parole.

4 ⟶ Argument subtil qui pousse Dieu à intervenir.

5 ⟶ Séries d'arguments qui suscite l'intérêt du Seigneur, d'écouter le plaidoyer. En substance, nous remarquons qu'IL est tout ouï.

6+7 ⟶ Maniement impressionnant des Ecritures, au point de mettre le Seigneur d'accord sur une éventuelle intervention.

8-14 ⟶ Série de souhaits qui ont en substance l'aval du Seigneur.

15+16 ⟶ Argument de poids qui doit finir par le convaincre.

17 ⟶ Salutation et rappel du lien (relation étroite) qui nous unis. En substance nous pouvons déceler une communion.

18 ⟶ Réponse finale, du Seigneur Jésus sur ce que sera Sa position.

Intercession au sujet de la Dépénalisation de l'homosexualité au Gabon.

1 Je ne vais pas Te demander de fermer les yeux sur la situation, de la dépénalisation de l'homosexualité au Gabon. Et d'épargner ce pays de Ton jugement.

Je veux Te demander pardon pour l'Eglise que nous sommes. Je veux Te demander pardon pour les nombreux scandales et dérapages, dont nous avons été les sujets dans ce pays. Car longtemps ce pays aurait été consacré à Toi Jésus, si
2 nous avions gardé le témoignage de Ta Parole. Hélas ! Nous ne l'avons pas fait. Et c'est pour cette raison que je Te demande pardon. Ce n'est pas à cause de l'acte posé par nos dirigeants qui ne traduit lui, que le simple fait que le sel a perdu de sa saveur. Et que la lumière a cessé de briller, dans notre pays.

Ahh ! (Soupirs). Pardon pour l'Eglise. Pardon pour Ton peuple. Pardon pour notre
3 faiblesse à ne pas savoir Te représenter, valablement sur cette Terre. Miséricorde sur nous ! Et restructuration de l'Eglise, c'est ce que je Te demande ce matin.

4 Ahh ! (Soupirs) Nous nous sommes éloignés de Toi, Jésus ! Nos chefs, nos dirigeants, nos leaders, nos jeunes. La Vérité a perdu Sa place sur les lieux publics. Et le mensonge a établi son trône, sur la place publique. La nation est établie sur le mensonge, le vol, la corruption, le meurtre, la méchanceté, le mal, le vice. Les nouvelles générations sont très tôt, enseignées à la voie du mal. L'amour pour Dieu a diminué dans les cœurs des hommes.

5 Nous Te demandons pardon Seigneur. Non point que ces choses ne devraient pas arriver. Tu les avais prédits au travers de Tes saints prophètes et de Tes saints apôtres. Seulement nous Te le demandons à cause de nous, Eglise, qui avons cessés de briller, qui avons perdu notre éclat. Et qui avons laissé la nation se couvrir de Ténèbres.

6 Réveille ô mon Dieu, la Nouvelle Génération de Christ ! Réveille ô Dieu Ton Eglise ; Ton peuple ! Redore l'image et la gloire de Ton Nom ! Sauve nous de nous même ! Et sauve cette nation de la folie qui est attachée à son cœur.

7 Soupirs) Je souffre en mon âme, devant l'état spirituel du pays ! Révèle Jésus à notre génération, Père ! Aie compassion de nous, en nous l'accordant ! Par amour pour nous, ouvre-nous à cette grâce qu'est de connaître Jésus notre Seigneur et Maître ! Miséricorde sur notre génération ! Miséricorde sur nos vies, si tristes sans Toi, sans Ta grâce !

8 Je T'aime Jésus ! Et merci pour Ta grâce. Miséricorde sur nous et nos enfants. (Soupirs) Merci Jésus ! Merci pour Ta Miséricorde ! Merci pour Ton salut dans ce pays. Merci mon Dieu et mon Roi. Merci Jésus ! Je T'aime très fort ! Et merci pour Ta grâce. Merci pour Ta faveur. Merci, merci. Merci mon Roi. Merci, merci,
9 merci. Merci de tout cœur !

A la lecture de notre intercession, nous pouvons nous rendre compte que le Canal de conversation est déjà ouvert. D'où, la prise de parole.

1 ──────➤ Mais cette prise de parole, laisse percevoir la colère du Seigneur Jésus ; d'où la formule d'entrée où l'intercesseur n'ose pas demander pardon pour le pays. Mais se joint à l'arrêté du Seigneur d'exercer Ses jugements sur le pays.

2-5 ──────➤ L'intercesseur détourne la colère du Seigneur des dirigeants du pays, pour en faire porter la responsabilité à l'Eglise du pays. Tout en Lui demandant pardon, pour l'attitude de l'Eglise en rappelant toutes les fois, où l'Eglise a manqué son but. Mais, le Seigneur ne décolère pas.

6 ──────➤ L'intercesseur propose à Dieu une solution au problème du pays. Nous sommes passés de Jésus à Dieu, non point qu'il y ait une différence (Dieu

et Jésus sont Un) ; mais par cette tournure, l'Esprit confirme l'arrêté du jugement sur le pays.

7 ──────⟶ L'intercesseur comprend que le jugement est arrêté sur le pays. Mais, poursuit néanmoins son intercession, en suppléant Dieu de Se révéler à cette génération. Ce que Dieu semble avoir accepté : c'est le pourquoi, l'intercesseur revient sur la miséricorde ; car la miséricorde triomphe du jugement.

8 ──────⟶ Finalement Jésus sera révélé dans cette génération (remerciement), et il continue dans la miséricorde, dans son élan de grâce et de faveur Dieu accepte d'accorder Sa miséricorde à ce peuple.

Mettre le doigt de Dieu en mouvement (Communion)

1 Dieu est grand. Nul ne peut se comparer à Toi. Ton règne, Ta grandeur, Ta majesté n'ont pas d'égale. Devant l'immensité de Ta personne, je suis admiratif, ô Dieu !

2 Ta sainteté, Ta paix, Ton amour me comblent. Je suis heureux de Te savoir mon Dieu, mon Seigneur et mon Maître. Je Te dois tout, ma vie, ma réussite, mes exploits. Et même, mes échecs. Car, lorsque j'y passe c'est que Tu avais à cœur de m'enseigner. Comme Tu es merveilleux ! J'aime Ta présence, j'aime le lieu où Ton nom est invoqué ; L'assemblée des saints réunis autour de Ton précieux et puissant Nom, pour célébrer Ta louange plus que tout autre chose.

3 Je T'aime tant ! Mon cœur bat d'amour pour Toi. Te découvrir : Le Dieu immense que Tu es, passionne mon cœur. Comme j'aime penser à Toi ! Voir les heures défiler me remplis d'impatience d'être prêt de Toi, dans Ta Présence, en Tête à tête. Où mon cœur rencontre Ton cœur, où mon âme se réjouit de célébrer Ton Nom et Ta gloire. O Mon Dieu, je T'aime !

4 Toi ma forteresse, mon Abri, le sujet de ma gloire. Je me réjouis de savoir que Tu veilles sur mes pas. Que Tu en sais le nombre.

5 Puisse tous mes pas poursuivre toujours Ta voie. Et atteindre, Tes buts dans ma vie. Puisse Ton règne s'établir sur cette Terre, afin que les hommes voient le Dieu unique, Créateur du Ciel et de la Terre. Et qu'ils sachent que Dieu est Dieu dans les Cieux et sur la Terre. Et qu'IL fait tout ce qu'IL veut. Bénit sois Ton règne aux siècles des siècles, Ancien des jours. Dans le Nom de Jésus. Amen !

1 ──────⟶ L'introduction commence ici, par ce que l'on va appeler la contemplation, d'une situation qui permet de reconnaitre la grandeur de Dieu.

2-4 ──────⟶ Le cœur d'amoureux de Dieu parle et exprime, ce qui le remplit. On y voit la passion et un amour vif. Le psalmiste dans ce psaume rappelle à Dieu la place qu'IL occupe en Lui. On peut y voir en substance, le plaisir que prend Dieu à être en sa compagnie.

5 ➝ Ce plaisir ressentit et vécu par Dieu se matérialise par ces vœux, qui trouvent un assentiment direct de Dieu. Car, ne l'oublions pas : Dieu cherche de vrais adorateurs qui L'adorent en esprit et en vérité. Et, IL semble l'avoir trouvé. Sa demande est si pure que la grâce lui a été accordé de voir Dieu dans Sa génération.

Royaume inébranlable (intercession)

1 Tu nous as donné un Royaume inébranlable ; un Royaume que l'usure du temps, les ennemis ne peuvent détruire. Un Royaume de vainqueurs, où la défaite n'a pas sa place, où la victoire nous est assurée par Ta toute-puissance.

2 Dieu Tu règnes dans tous les siècles et tous les âges. Ta puissance sécurise l'Univers. Ta Droite est splendide ! Lorsque Tu la sors de Son repos, Elle remet l'ordre, là, où, le désordre à régner. Et mets tout le monde d'accord que Tu es Dieu.

3 Ceints Toi, ô Dieu de force et de Ton manteau de justice ! Afin de remettre de l'ordre, là, où, le désordre à régner. Afin d'établir, le droit et la justice, là, où, les hommes ont cultivé l'injustice et la méchanceté.

4 Restaure le droit, restaure l'équité, restaure la justice nous avons soif de vivre sous Ton règne ; règne de paix et de justice. Où Tu règnes par-dessus tous les dieux. Visites-nous par Ton Esprit et établis Ton règne au milieu de nous. Que cette génération, voit et contemple le Dieu Créateur du Ciel et de l'Univers, notre Dieu et notre Seigneur. Et qu'elle Te rende gloire pour Jésus-Christ notre Seigneur.

5 Que vive Ton règne ! Que vive Ta justice ! Que vive Ton Nom aux siècles des siècles ! Amen !

1-2 ➝ Notre intercession est très particulière, car elle s'appuie sur le Règne de Dieu. Elle met en avant, Sa divine puissance qui établit ce Règne. L'auteur va de manière progressive en plantant le décor. En la lisant, on voit la sincérité de l'intercesseur. Il a toute l'attention de Dieu.

3-4 ➝ Il s'ouvre à Dieu, en Lui présentant ses doléances tout en Lui donnant des raisons fondées sur la Parole.

5 ➝ Le 5 nous prouve que l'argumentation a fini de convaincre Dieu. Au point où, l'intercesseur se met à bénir Son Règne.

Ta miséricorde (Intercession)

1 C'est à Ta miséricorde que j'appelle, Jésus. Lorsque l'on est coupable, la force de plaider sa cause nous abandonne. Seule position qui nous reste : nous humilier devant Ta face. Et garder le silence. Non pas comme pour cacher notre faute, mais comme pour Te supplier de nous relever de notre faute.

2 Seigneur Jésus, il est coupable sur toute la ligne. Lui-même a fait le choix de chercher la vaine gloire, en allant auprès du diable et de ses démons.

3 Je reconnais Seigneur Jésus qu'il est coupable. Mon cœur saigne, mon frère que j'ai vu grandir. Je me rappelle le souvenir de notre enfance, et je réalise que mon âme pleure, sur lui, sur sa faute. Je tourne ma langue ; je regarde à Toi.

4 Mon Père, laisse parler Ta miséricorde sur lui. Je sais que nul ne peut forcer Ton bras Père. Et surtout pas le coupable. Mais Père Tu fais miséricorde au pêcheur et lui fait échapper à la fosse. Car, la miséricorde triomphe du jugement.

5 Penses Père, à ce que pourrait devenir ce jeune sortant de ce pétrin, pour appartenir à Jésus ; entièrement à Jésus Ton Fils. Je crois que Tu ne le regretteras pas tout comme Nebucadnetsar, qui rendit gloire à Ton Nom, à Ton puissant Nom après que, la folie eut rempli son cœur et que Tu l'aies jugé et châtié. Et, je crois qu'il saura apprécier le salut : la grâce de T'appartenir Toi et Toi seul.

6 Puisse Ta grâce lui être accordé. Et son sens lui revenir. C'est ma prière Père, je Te le demande à cause de Jésus Ton Fils, mon Seigneur. Et pour que ma joie soit parfaite selon que le Seigneur Jésus nous a recommandé : « *jusqu'à présent vous n'avez encore rien demandé, demandez afin que votre joie soit parfaite* ».

7 Merci Père céleste ! Que Ton règne vienne et que Ta volonté soit faîte sur la Terre comme dans le Ciel. Maranatha ! Amen !

1 ➡ Introduction, provenant de l'abondance du cœur ; non pas des expressions qui ne traduisent pas le tréfonds de nos cœurs ou âmes.

2 ➡ Omniscience du Seigneur Jésus, qui montre Sa colère devant le choix de mon frère d'aller vers, le diable. Et qui explique la raison pour laquelle, IL n'intervient pas, avant que je ne Lui ai posé la question ou soumis le problème de manière claire.

3 ➡ Je reconnais sa faute, et l'ouvre mon cœur afin de lui présenter le tréfonds de mon cœur. Tout en Lui rappelant l'un de Ses attributs : le Dieu miséricordieux.

4 ⟶ Le Père et le Fils sont Un sur la position du jugement ; je ne sais pas si c'était une maladresse dans mon intercession, de vouloir croire que le jugement serait différent. Mais bénis sois Dieu qui est Un ! Bien qu'ayant constaté la faiblesse de mon intercession j'ai poursuivi en m'appuyant sur la connaissance de la Parole.

5+6 ⟶ J'utilise un argument de poids, illustré par un exemple qui vaut son pesant d'or ; avec appui sur la parole que nous a transmis le Seigneur Jésus.

7 ⟶ Le procédé utilisé a fait mouche ; le Père a accepté de faire quelque chose pour lui. Cela se voit par le remerciement de fin, et la bénédiction que je Lui adresse.

Le Temps de l'exaucement (Conduire Dieu à exaucer Sa Parole, intercession)

1 Père Tu es Un, avec le Fils. Tu es Un, avec l'Esprit. Ce que le Père dit, le Fils le dit également. Ce que l'Esprit dit le Père le dit ; de sorte que Tu es indivisible dans Tes paroles et Tes actions.

2 Ce que le Père me montre, le Fils et l'Esprit le soutien. Ce que le Fils fait, le Père le fait ; car le Père enseigne toutes choses au Fils de sorte que le Père soit glorifié dans le Fils ; et que le Fils le soit, dans le Père.

3 Père rappelles-Toi de la vision que Tu m'as montrée. Et de la condition que Tu m'as fait savoir, pour sa réalisation au travers de Ton Fils. Rappelles-Toi. Rappelles-Toi Père, de la parole que Tu m'as envoyé par l'Esprit qui sonde Tes profondeurs : les profondeurs de Ton cœur. Pour me dire que : « c'est le temps des amours ; le temps où Tu accomplis Ta parole. ».

4 Père afin que l'unicité du Père, du Fils et de l'Esprit soit vérifiée, donne gloire à Ton Nom en accomplissant Ta promesse. Car après tout, la seule condition que Tu avais émise pour la voir effective était : « Aimes Jésus ».

5 Or, Celui qui sonde les reins et les cœurs connait ce qui est en moi : le tréfonds de mon cœur. Et me rend Lui-même ce témoignage : « Daniel serviteur du Dieu Très-Haut ; ton Dieu te rend le témoignage de ce grand amour qui lie vos deux cœurs. Ainsi donc, IL a décidé de t'exaucer. »

6 Amen ! Dans le Nom de Jésus.

1+2 ⟶ Notre approche introductive est assez méticuleuse, elle rappelle au Père (car pour l'occasion je voulais que ce soit mon Père qui soit devant moi et non Dieu) Son unicité avec Sa Parole, comme pour le mettre dos au mur et dans une sainte contrainte de l'exécuter dès lors, IL aurait reconnu l'authenticité de la parole que je vais Lui présenter.

3 ➤Dans cette partie, il est question de réveiller le souvenir du Père en Lui rappelant ce qu'IL m'a montré, ce que Jésus m'a dit et ce que le Saint-Esprit m'a confirmé.

4 ➤ Ce n'est pas tout, il ne suffit pas de rappeler au Père Ses paroles, il faudrait également s'assurer des motivations qui nous animent. **Jacques 4 :3** « *Vous demandez, et vous ne recevez pas, parce que vous demandez mal, dans le but de satisfaire vos passions.* » **Louis Segond**. Il y a là une subtilité émise au 1+2 l'unicité de Dieu et le rappelle de la condition qu'avait révélée un ange sur la volonté du Seigneur Jésus.

5 ➤ Et la fatale, le témoignage qui rend tout le monde d'accord : celui du Saint-Esprit. **Jean 5 : 31-32** « *Si c'est moi qui rends témoignage de Moi-même, Mon témoignage n'est pas vrai.*
Il y en a un autre qui rend témoignage de Moi, et Je sais que le témoignage qu'IL rend de Moi est Vrai. » **Louis Segond**. Je l'utilise pour mettre le Père d'accord, car il était question au début de mon intercession d'unicité de Dieu.

6 ➤ A peine je termine de le citer, que la Parole du Seigneur, tombe : « *IL a décidé de t'exaucer.* ». Mais revenons sur la décision du Père ; elle commence par : « *Ainsi donc* », comme pour signifier que l'intercession a été un succès et que l'argumentaire a reçu Son approbation. Sympa non ! Une victoire à célébrer ! Alléluia !

Intercession (**Protection contre les agressions spirituelles**)

Il fait de <u>Ses serviteurs</u> des feux. Que mon esprit soit tout en feu : du feu du Saint-Esprit, et le demeure comme une loi, dans le Nom de Jésus. Amen !

Le Dieu de mon père

Dieu de mon père Terry Macalmon, ouvre moi une porte dans le l'enregistrement des cantiques de Louanges et adorations, comme Tu l'as fait pour mon père ; selon que Tu cherches de vrais adorateurs qui T'adorent en esprit et en vérité. Et que le parfum de Ton règne et de Ta domination soit sur toute la Terre. Ainsi que Celui de Christ-Jésus Ton Fils grâce à des cantiques spirituels inspirés par Ton Esprit Saint. Dans le Nom de Ton Saint Fils Jésus.

En me trouvant également des ouvriers qualifiés par Toi, pour cette œuvre. Qui répondent aux exigences d'amour pour Ton Nom et Ton Règne, et qui soient habiles dans le chant et les instruments au plus-tard, dans deux mois. Amen !

Dans cette invocation, il a été question pour moi, de m'appuyer sur la relation étroite qu'entretien mon père spirituel avec Dieu. Sur les avantages de ma filiation avec Dieu au travers lui. C'est comme contourné la difficulté et le temps que je pourrais perdre si, je m'appuyais uniquement sur ma propre relation avec Dieu. Elle nécessite néanmoins, que votre père spirituel soit agréable à Dieu sinon, je vous laisse imaginer la suite…

II Rois 2 : 12-14 *Elisée regardait et criait : Mon père ! Mon père ! Char d'Israël et sa cavalerie ! Et il ne le vit plus. Saisissant alors ses vêtements, il les déchira en deux morceaux.*

Et il releva le manteau qu'Elie avait laissé tomber. Puis il retourna, et s'arrêta au bord du Jourdain ;

Il prit le manteau qu'Elie avait laissé tomber, et il en frappa les eaux et dit : <u>Où est l'Eternel, le Dieu d'Elie</u> ? Lui aussi, <u>il frappa les eaux</u>, qui se partagèrent çà et là, <u>et Elisée passa</u>. **Louis Segond.**

Le Dieu de mon père

Le Dieu de mon père Terry Macalmon, jusqu'à présent Tu ne m'as pas envoyé de musiciens. Souviens-Toi de mon père, il a toujours exercé devant Ta face avec amour, passion et fidélité, et c'était un grand musicien. Envoies moi Dieu de mon père Terry Macalmon des ouvriers qui vont dans ce sens.

Afin que cette œuvre soit une rencontre des vrais adorateurs, avec leur Dieu et Seigneur dans le Nom de Yeshua Ha Mashia, Ton saint Fils !

Il faut que Tu m'exauces

Dieu, il faut que Tu m'élèves et moi, je Te donnerai le Gabon comme offrande et, en substance les nations du monde ; puisque Tu m'as donné beaucoup d'enfants.

Tu pourras ainsi voir Ton Nom et Ta Lumière briller et représenter dans toutes les institutions fortes des nations.

Conduire Dieu à exaucer Sa parole (communion)

Prière 1 :

Père ces personnes sont des occasions de chûtes pour ma foi.

Prière 2 :

Puisse mon Dieu accomplir Sa promesse, lui le Dieu fidèle, dont la fidélité a toujours été pour nous l'ancrage de notre foi, puisse notre Dieu, le Dieu d'Alliance accomplir Sa parole et témoigner Sa grande bonté envers Son serviteur, selon qu'il a trouvé grâce devant Ses yeux, au Nom de Jésus Son Fils. Amen !

Célébration de la grandeur de Dieu

La grandeur de Tes œuvres, Te précède oh Dieu ! devant l'inexplicable manifestation de Ton autorité, nos ennemis acclament. Bien que quelques-uns d'

Entre eux en soient étourdis, et confus. Car, longtemps d'avance, ils n'avaient jamais songé que Tu rentrerais en scène.

Puissant Dieu ! Ton Nom surpasse tout autre nom. Ta renommée oh Dieu est tout simplement exquise, comme les mets les plus succulents, faits par les plus grands chefs. Nous admirons o Dieu Tes œuvres, elles nous mettent tous d'accord que Tu demeures à toujours et a jamais le seul et unique Dieu. Et nous Te bénissons de nous avoir fait l'insigne honneur d'être appelé Tes enfants.

Puissant Dieu nous Te célébrerons aujourd'hui et pour toujours. Amen !

Tu es impressionnant

O Père, comme Tu es impressionnant ! tu arrives à mettre tout le monde d'accord, grâce au pouvoir que Tu as de T'assujettir toutes choses. C'est Moi qui ai établi Mon oint.

Mes ennemis tremblent devant la puissance de Ta droite, et s'exclament en disant : Règne sur nous grand Dieu d'Israël ! Que Tu es redoutable o Dieu, impressionnant et par-dessus tout, dignes de recevoir ces honneurs ! car, Tu restes et demeures le Rocher des âges.

Saches o Dieu que nous Tes serviteurs, nous Te célébrerons. Nous célèbrerons Ton règne éternel. Et nous porterons très haut l'étendard de Ton Nom, du Nom de Yeshua Ha Mashia, notre Seigneur dans cette génération.

Que vive le Nom de notre Dieu aux siècles des siècles. Amen !

Résumé :

- L'intercession ne se résume pas en une série de paroles vides. Mais, à un récit structuré qui a un sens. Il suit une progression selon que Dieu au travers de l'Esprit nous demande de poursuivre, ou pas dans le sens de notre plaidoirie.
- Ne vous mettez pas à penser que Dieu soit stupide, et qu'IL est plus qu'un Père Noël qui ne sait que distribuer des cadeaux ; c'est cette fausse conception de Dieu qui est à l'origine de tous ces déboires dans l'Eglise. Car plusieurs parmi nous ont en pensée une faiblesse de Dieu du fait de Son amour pour nous.
- La communion nous évite beaucoup d'arguments, pour obtenir l'objet de notre demande. Il reste néanmoins dépendant du respect que l'on a pour Son Père et de l'amitié qui s'est créée.

Un exercice pour vous, trouver les progressions de ces intercessions, ainsi, en écoutant des intercesseurs, il vous serait plus facile de savoir ce que pense Dieu, si l'intercesseur est allé jusqu'au bout de son intercession, ou s'il l'a coupé. ☺

Rappel de Sa Promesse

Dieu cela fait 12 Ans que J'ai quitté la France pour rentrer au Gabon, et dans la conversation que j'avais eu avec Toi c'était pour devenir dans un premier temps Directeur De mon entreprise. Pouvoir embaucher des gens, rendre Ton Nom grand et représenter Le Royaume des Cieux dans la finance.

Et là Je veux déjà rentrer dans cette promesse, mon esprit ne se plait plu à être un agent d'exécution.

Or je sais que Dieu Se retrouve dans la vision c'est pourquoi, je ne peux pas brader la vision. Je demande de l'argent et des richesses comme le sable.

Au moins de cette manière, cela correspond au Standard que Dieu a fixé dans ma vie. Et qui réponde à Ses objectifs et Ses attentes me concernant.

- Donc je Te donne la main d'association.
- Ok Dieu !
- DIEU a parlé qui pourra s'opposer ?

Mission Divine (Communion)

Père je Te rends grâce, pour la faveur que Tu m'accorde d'avoir à représenter mon Seigneur Jésus et Ses intérêts, sur cette Terre.

Si je me permets de T'apostropher, c'est au sujet de la Mission Divine que Tu m'as confié.

Père Tu exiges que je puisse, lancer ce projet en deux mois. Ce qui correspond bien, à la parabole du figuier. Jésus mon Seigneur, lui a exigé du fruit, mais, il s'en est trouvé dans l'incapacité de Le satisfaire.

Père, je suis heureux et privilégié de représenter mon Seigneur Jésus. Toutefois, Père, il y a une chose que j'exigerai également de Toi. Et bien ! C'est que Tu m'accordes des ouvriers ; des ouvriers qualifiés à la tâche. Car, le Seigneur Jésus de me dire de prier le Maître de la moisson, afin qu'IL envoie des ouvriers dans Son champ.

Père, le travail va se faire, selon Ta volonté. Et la condition qui favoriserait cela est, le fait d'avoir des ouvriers qualifiés à la tâche ; vu l'imminence des temps et leur délai d'exécution. Et qui soient passionnés, pour notre Seigneur Jésus, afin qu'ils ne rechignent pas à la tâche, tout en aimant faire les extra, par amour pour Toi et notre Seigneur Jésus. Tout en omettant point, le facteur argent ; pour s'accorder à Salomon qui disait que : « l'argent répond à tout. » ; que presque, tout sur la Terre s'obtient moyennant une certaine somme d'argent. Et je prie, que Tu me favorises dans ces différents points que, j'ai évoqués devant Toi.

Père Saint, Sans Toi nous ne pouvons rien, sans Ta faveur, Ta grâce, sans l'action du Saint-Esprit. Mais, d'ores-et-déjà, Tu peux compter sur moi, pour cette Mission Divine.

Je relève le challenge, tout comme moi, également, je compte sur Toi, sur tout ce que je T'ai demandé. Mais, Père le travail reste dépendant, de Ton exaucement. Mais saches que je T'aime tellement, ainsi que mon Seigneur Jésus, pour omettre sinon, retarder une Mission Divine.

Que soit béni à tout jamais Ton règne Père, ainsi que Celui de l'Agneau, aux siècles des siècles.

Prière 1 :

Mes ennemis m'ont encerclé et enveloppé ; comme un serpent autour de sa proie. Ils l'ont fait et ne desserrent point leur étreinte, comme un python autour de sa proie, qui la broie les os, pour l'avaler.

Mais, cela est une insulte à la puissance du Dieu Très-Haut à qui j'appartiens et que je sers en mon esprit. Un homme peut-il ravir un enfant ou fils du Dieu Très-Haut, de Sa puissante Main : de Sa légendaire Droite. N'est-ce pas de la prétention que de faire des sièges autour de ma vie comme c'est, le cas. A moins que je me trompe, mais je crois être illuminé de l'esprit d'intelligence du Seigneur. Et cela est une provocation à Ta toute puissance ; je considérerai cela comme un mépris à Ta capacité de soumettre toutes choses à Ta volonté.

Or, je constate avec quel mépris, il traite le temple où Ta gloire est manifestée. Ils estiment que Ton droit Dieu Très-Haut, est de rester au Ciel et de fermer les yeux devant pareille affront à Ton grand Nom, Ton puissant Nom au Nom de Jésus. Car, c'est dans ce Nom que je me tiens devant Ta face, les mains levés vers Toi ; Toi l'Ancien des jours, le Témoin fidèle, Tu peux témoigner en ma faveur de ma fidélité à Ton Nom.

Dieu Tout-Puissant, ne laisse pas impuni cet affront, au risque de le voir se répéter continuellement. Comment Ta renommer pourrait-elle s'étendre si Tu ne rentrais pas en scène devant de tel mépris et offense à Ta majesté, à la grandeur de Ta droite.

Qu'ils le sachent tous que je suis serviteur du Dieu Très-Haut, et qu'ils reculent en ma présence, car IL ne sommeille ni ne dort Celui qui veille sur Israël.

Prière 2 :

Dieu Très-Haut, Toi qui domine sur le règne des hommes, Toi qui établis les rois et qui leur accorde de régner sur Ton peuple. Nous prions que Ton règne s'établisse sur la nation ; nous prions que Tu visites notre pays, en nous accordons ô Dieu Très-Haut, de voir dans cette nation un digne représentant du Royaume des Cieux, qui établiras par Ton Esprit Ton Règne parmi nous.

Nous voulons que le faux dans la nation cède la place à la Vérité. Et que la nation soit heureuse parce que l'Eternel Dieu, le Dieu Très-Haut en est le seul Dieu.

Le nombre de juste a largement diminué, le nombre de méchants en perpétuel croissance, seul Ta grâce et Ta bénédiction peut changer cela, en nous accordant la grâce de voir la nation sous Ton autorité ; avec à sa tête un fils du Royaume des Cieux, qui par la Sagesse, l'Intelligence, la Connaissance et la puissance Divine apportera le réveil parmi les fils des hommes.

Je t'ai choisi Daniel.

Si Tu m'as choisi alors manifeste-le.

Qu'il en soit ainsi alors.

Amour de la mission divine (Communion).

O Dieu après avoir délivré Ton serviteur de ses ennemis plus puissant que lui, permets à Ton serviteur ô Dieu, de pouvoir honorer le grand Dieu que Tu es en établissant Ton règne ; en lui permettant d'inaugurer cette grande ère par, l'enregistrement de ces cantiques à la gloire et à la louange du Dieu Majestueux que Tu es. Et de répandre par ces cantiques, Ta domination et le parfum de Ton règne sur toute chaire.

Dispose ô Dieu pour cela, les moyens humains de qualités et financiers et matériels qui correspondent au grand Dieu que Tu es. Et par lesquels le Dieu Très Haut sera célébré dans cet âge, et dès cette année 2023, dans le Nom de Jésus-Christ. Amen !

Dieu Très-Haut (Intercession)

Je voudrais prier en faveur des saints, des rachetés ceux que Tu as racheté au moyen du précieux Sang de Ton Saint Fils Jésus.

Dieu Très-Haut, je constate avec désolation l'extrême pauvreté de Tes enfants, voire Tes serviteurs et fils, qui croupissent devant les problèmes d'ordre financier et matériel. Faute de ne pas pouvoir posséder de l'argent en abondance.

Dieu Très-Haut, je ne prie pas en faveur de la catégorie de Tes enfants qui, ne cherche nullement à Te plaire ; pour eux selon que Tu fais briller Ton soleil sur les bons comme sur les méchants accorde leurs la manne quotidienne.

Mais, ma prière va en la faveur de Tes serviteurs et fils, qui gardent le témoignage de l'Agneau et représente valablement le Royaume des Cieux. C'est pour eux que je prie ; afin que Tu leurs accordes de posséder des richesses en abondance, en accord avec les différents plans que Tu poursuis au travers de leurs différentes vies. Que Tu marques la différence entre ceux qui Te connaissent et Te servent, et ceux dont les cœurs sont éloignés de Toi.

Que la dernière des choses de Tes fidèles serviteurs et fils soit de chercher de l'argent. A cause de ce que Tu le leurs accordes et que leurs regards soient entièrement fixés sur Toi, et sur la mission divine que Tu leurs accordes respectivement.

C'est ma prière Dieu Très-Haut dans le Nom glorieux et magnifique de Yeshua Ha Mashia notre Seigneur.

Amen !

Sanction (Autorité)

Que le Ciel localise tous ceux qui sont responsables du retard enregistré, dans la mission divine que m'a confié le Dieu Très-Haut. Et que chacun d'entre eux, soit traité selon la méchanceté de leur cœur, selon qu'avec l'homme pervers le Seigneur agit selon sa perversité. Evidemment tous ceux qui ne se sont pas repentis jusqu'à lors ; tous ceux qui prennent un malin plaisir à me lancer des sors et me bloquer comme c'est le cas. S'ils parviennent à se repentir, ils seront libérés du pouvoir de cette parole ; mais pas des repentances à la pharaon.

Et pas besoin de faire une guerre ciblée, traité les tous selon cette parole ; tous ceux qui sont ennemis de la vision du Très-Haut au travers de ma vie. Ainsi, je pourrais racheter le temps et refaire mon retard, sur les plans fixés par le Très-Haut dans le Nom de Yeshua Ha Mashia, mon Seigneur !

Mission divine

Dieu fait réussir mon passage sur la Terre, en accomplissant Ta parole sur ma vie. Afin que, je Te glorifie et établis notre Royaume, le Royaume des Cieux par la puissance de Ton Nom et la conduite du Saint-Esprit ; dans le Nom de Jésus. Amen !

Ennemis de la vision divine

Que le Dieu de Daniel que je sers, et qui m'a suscité pour établir son règne, puisse me venir en aide dans ce problème que je rencontre, qui devient un obstacle à l'établissement de Son règne comme Il me l'a ordonné.

Je me rends compte que mes effets personnels, vêtements, chaussures, prothèse dentaire, caleçons, diplôme etc… se retrouvent dans les lieux dédiés à des esprits ténébreux ; et je dois faire face à la malice de ces occultistes qui s'amusent à contracter des pactes au travers de ces effets, et me contraignent à toute cette pression ; et m'oblige à retarder la mission divine qui m'a été assigné, à l'ajournée encore et encore.

Je demande El Elyon, que chacune des personnes impliquées de près ou, de loin dans ces différentes affaires soient soumises aux mêmes pactes en tant que victime, de ces esprits. Seul le Dieu de Daniel, pourrait en modifier le sens c'est ma requête. Ce qui me permettra de racheter le temps, et de pouvoir œuvrer en établissant Ton règne.

C'est cela ma requête dans le Nom de Yeshua Ha Mashia, Ton saint Fils !

PREDESTINATION

Parlons un peu de la prédestination, sans pour autant en faire un livre entier.

Faisons une petite expérience :

Mettez votre index devant votre nez. Que ressentez-vous ? Un souffle légèrement chaud, qui vient à la rencontre de votre doigt. Ce souffle que vous ressentez, marque la présence de votre esprit (esprit humain) qui est sensé, faire vivre tout cet édifice que vous êtes dans la communion du Saint-Esprit.

Et ce sont ces esprits humains qui ont été prédestinés, à Me servir, dans le domaine d'influence pour lequel, Je les ai suscités.

Romains 8 : 30 « *... Ceux qu'IL a prédestinés, IL les a aussi appelés ; et ceux qu'IL a appelés, IL les a aussi justifiés ; et ceux qu'IL a justifiés, IL les a aussi glorifiés.* » **Louis Segond**.

Ceux qu'IL a prédestinés sont : les esprits humains.

Présent quoiqu'ignorer ?

Et Oui, c'est le paradoxe ! Voici, une personne qui est à nos côtés tous les jours dont, on ne se soucie guère de l'objet de sa présence.

Genèse 2 : 7 « *L'Eternel Dieu forma l'homme de la poussière de la Terre, IL souffla dans ses narines un souffle de vie et l'homme devint un être vivant* » **Louis Segond**.

L'homme devint un être vivant ⟶ l'homme se mit à vivre, pas seulement à exister. Car, bien avant le souffle de vie, l'homme existait déjà. Mais, il ne vivait pas.

Il est devenu un être vivant grâce au souffle de Dieu.

Cela est un problème majeur dans l'église, que le refus pour nous de revenir à cette vie de l'Esprit. Le surnaturel a disparu dans l'église et à laisser place à une marche par l'école et la logique humaine. La spiritualité à laisser la place à la logique. On conçoit que Dieu fait des miracles dans notre intellect, mais nous refusons toutes manifestations spirituelles qui ne cadreraient pas avec la logique humaine, mondaine.

Or, nous créons, nous impactons, nous dominons, nous régnons, non point à cause de notre diplôme, mais à cause de notre spiritualité : J'entends par spiritualité notre capacité à comprendre les voies de Dieu et à savoir opérer dans cette connaissance en ayant des résultats plus que probant.

Nous concevons que le Saint-Esprit nous enseignera toutes choses, mais nous rebutons à l'idée de voir des choses qui vont au-delà de notre compréhension humaine.

Est-ce à dire que tout est permis sous prétexte, de la recherche du miraculeux ?

Bien évidemment que non, et cela ne devrait même pas être soumis à débat. Car, il est évident que la clarté du soleil est visible aussi bien pour le méchant que pour le juste. Bien que chacun puisse en apprécier selon, son humeur ; mais, tous restent unanime sur le fait que le soleil brille. Sauf, l'aveugle ne verrait pas l'éclat des rayons du soleil. Ainsi, en est-il des miracles divins, il n'y a que les enfants en esprit qui ne saurait reconnaitre ce qui vient de Dieu, de ce qui ne vient pas.

Actes 4 : 15-16 « *Ils leur ordonnèrent de sortir du sanhédrin, et ils délibérèrent entre eux, disant : Que ferons-nous à ces hommes ?*

Car il est manifeste pour tous les habitants de Jérusalem qu'un miracle signalé a été accompli par eux, et nous ne pouvons pas le nier. » **Louis Segond**.

Et puis pour nous éviter cette confusion le Dieu très Haut nous a donné par le Saint-Esprit le don du discernement des esprits. I Corinthiens…

Les grands hommes, ceux qui ont été des bénédictions dans l'Eglise, ou dans le Royaume des Cieux sont ceux qui ont su élever leur esprit à la spiritualité, selon Dieu. Et cela sera toujours ainsi. Or, la spiritualité demande un niveau de lumière important. Si vous essayez de vous représenter Daniel, sa spiritualité vous comprenez que nous sommes à des années lumières de Lui.

Daniel 5 : 11 « *Il y a dans ton royaume un homme qui a en lui l'esprit des dieux saint ; et du temps de ton père, on trouva chez lui des lumières, de l'intelligence, et une sagesse semblable à la sagesse des dieux. Aussi le roi Nebucadnetsar, ton père, le roi, ton père, l'établit chef des magiciens, des astrologues, des Chaldéens, des devins.* » **Louis Segond**.

Une spiritualité au-dessus, des magiciens, des astrologues, des Chaldéens.

Ephésiens 3 : 3-4 « *C'est par révélation que j'ai eu connaissance du mystère sur lequel je viens d'écrire en peu de mots.*

En les lisant, <u>vous pouvez vous représenter</u> l'intelligence que j'ai du mystère de Christ » **Louis Segond**.

Et quand nous lisons ses écrits, nous pouvons voir le fossé de connaissances spirituelles et pratiques entre lui et nous ; de sorte que si nous voulons avoir les mêmes résultats nous devrons au moins nous rapprocher de sa dimension spirituelle.

L'esprit est la base de toute spiritualité. Réapprendre à nouveau à marcher par l'esprit est une obligation pour tout homme d'alliance avec H.

Le problème est que, plusieurs se créent des destinées, selon leurs convoitises ; et non sur la direction que leur donne Mon Esprit. Ainsi, il y a des non-sens sur la présence de plusieurs parmi vous sur la Terre. Ils veulent faire Ma volonté, mais, n'en comprennent pas les voies. Et se rebiffent contre les hommes d'esprits, et même contre la voix du Saint-Esprit en eux. Et se plaignent de vivre une vie sans faveur, ni distinction divine.

Lorsque le temps qui, leur a été accordé (esprits humains) sur la Terre est achevé, Je les rappelle à Moi. Et beaucoup d'entre eux, n'ont pas pu atteindre les objectifs pour lesquels, Je les avais suscités dans leur génération. Faute de ce que leurs âmes n'ont pas apprise à se soumettre à Ma volonté, et à marcher par l'esprit.

Dieu Très-Haut.

Galates 5 : 17-18 *Votre ancienne nature avec ses désirs égoïste se rebiffe contre l'Esprit, les aspirations de votre être irrégénéré se dressent sans cesse contre l'être esprit spirituel ; mais l'Esprit, de Son côté, s'oppose à la volonté naturelle de l'homme. Ces deux forces antagonistes sont constamment en conflit, chacune d'elles luttant pour subjuguer votre volonté. Elles influencent sans cesse vos désirs. C'est pour cela que vous n'arrivez pas à mettre vos résolutions à exécution et que vous n'êtes pas libres de faire ce que vous aimeriez.*

***Mais si** vous vous **laissez guider par l'Esprit**, **vous avez échappé** à la domination de la Loi. Vous ne dépendez plus d'elle. (Si par contre, vous vous laissez mener par votre être naturel, vous ferez ce qui est contraire à la Loi).* » **Parole Vivante**.

Le fait de marcher par l'esprit nous garantit, de vivre la gloire de Dieu non seulement, dans les siècles à venir ; mais aussi dans le siècle présent. Et d'établir Son Règne dans nos vies et autour de nous. Et pour cela réapprendre certaines notions est nécessaire pour atteindre cet objectif.

La Nouvelle Naissance

Comprendre la nouvelle naissance, nous permet d'accepter ce qui précède et ce qui va suivre. Nous parlerons à des hommes d'une maturité spirituelle, nous aborderons des vues profondes, afin de tirer les fils et filles d'EL ELYON vers une qualité de vie, qui satisfasse au Royaume des Cieux.

I Corinthiens 13 : 11 Lorsque j'étais enfant, je parlais comme un enfant, je pensais comme un enfant, je résonnais en enfant. Lorsque je suis devenu homme, j'ai fait disparaître ce qui était l'enfant. **Louis Segond.**

Qu'est-ce que c'est que la nouvelle Naissance ?

La nouvelle naissance est une naissance, a une vie divine et des réalités inaccessibles aux sens. Elle est une naissance à des réalités qui ne peuvent être vérifiées par l'usage de nos cinq sens traditionnels (la bouche, le nez, l'œil, l'oreille, le toucher). C'est avoir conscience en tout temps, que la vie sur la Terre est influencée par des êtres qui ne partagent pas notre nature humaine. Et que toutes réalisations et accomplissement sur Terre, passent par un accompagnement des différents mondes invisibles. Elle est le fait d'avoir de nouveaux sens comme boussole de nos vies 'sens spirituels). Dorénavant, le corps n'est plus le moteurs de mes actions (les cinq sens charnels) mais, la perception que me renvoie mes nouveaux sens (spirituels) de la situation, ou de la vie.

Et qui dit nouvelle naissance, suppose un apprentissage à cette nouvelle vie ; afin de répondre aux questions implicites de Nicodème à Jésus :

Comment parviens-Tu à faire tout ceci, car, les enseignements que nous avons reçus de nos sens ne nous le permettent pas ? A quelle loi obéis-Tu ? Et comment parviens-Tu à tous ces résultats ?

Jean 3 : 5 « Jésus *répondit : En vérité, en vérité, Je te le dis, si un homme ne nait de nouveau, il ne peut voir le Royaume de Dieu.* » **Louis Segond.**

En d'autres termes :

Il vous faudrait arrivez à ne plus dépendre de vos sens charnels, quant à la résolution des problèmes que vous rencontrez. Mais, que vous rentriez dans une nouvelle réalité, au travers de l'Esprit par l'usage des moyens que vous communiquera l'Esprit.

Il est important de comprendre ce que c'est que la Nouvelle Naissance, il y a une compréhension de l'existence qui doit être le partage de chacun de nous. Et un apprentissage, et une maîtrise de ce monde qui doivent être les étapes de progression de chacun des fils et filles du Royaume des Cieux.

Bien avant de parler de maîtrise de ces mondes ; par maîtrise on entend le savoir indispensable pour espérer mettre en mouvement les différents êtres célestes ou invisibles, et le savoir-faire qui serait rien d'autre que la mise en pratique de ce savoir, nous allons parler des différents mondes.

Et pour d'autres qui sont, un peu sceptiques et qui se disent comment peut-on maîtriser le domaine spirituel ? Je réponds :

I Jean 2 : 13 *Je vous écris ceci, pères : vous connaissez Celui qui est dès le commencement. Je vous écris ceci jeunes gens : vous avez vaincu le diable.* **Semeur**.

Les pères ont déjà eu à vaincre le diable et détruire les oppositions créées par les différentes organisations du royaume des ténèbres, contre eux. Ils sont parvenus à la connaissance de Celui qui est dès le commencement.

Les jeunes gens sont dans la progression aux réalités spirituelles ; à la différence des enfants qui sont dans l'apprentissage des vérités et réalités divines et invisibles.

I Jean 2 : 12 *Je vous écris ceci, enfants : vos péchés vous sont pardonnés à cause de ce que Jésus-Christ a fait.* **Semeur**.

Ce qui laisse entrevoir que nous pouvons, arriver ou parvenir à une certaine maitrise. Evidemment, selon la part d'intelligence que nous accorde EL ELYON. Mais, avançons dans nos propos.

L'existence de différents mondes

Il est crucial de comprendre les spécificités des différents mondes, qui nous entourent, pour ne pas être dans des illusions qui nous garderaient à croire que Dieu agira en Son temps. Quoique cela puisse être vrai quelques fois, mais après avoir demandé ou interrogé Dieu sur le sujet qui vous préoccupe. Auquel des cas, vous seriez dans le jeu des êtres des ténèbres qui joueraient avec vos pensées.

Bien avant de parler de ces différents mondes, nous allons partager une lumière sur deux points distincts qui marquent, les ruptures entre l'ancienne et la nouvelle alliance.

Exode 14 : 14 *L'Eternel combattra pour vous ; et vous, gardez le silence.* **Louis Segond**.

Luc 10 :19 *Voici, Je vous ai donné le pouvoir de marcher sur les serpents et les scorpions, et sur toute la puissance de l'ennemi ; et rien ne pourra vous nuire.* **Louis Segond**.

Dans le premier passage Dieu Se propose de combattre pour eux, qu'ils cessent tout murmure et s'attendent simplement à Lui. Dans le deuxième passage qui constitue la nouvelle alliance, IL leur dit implicitement en substance, c'est à vous de changer désormais la vie sur la Terre, par la connaissance de la Vérité : le règne de Dieu domine sur tous les règnes, et des réalités spirituelles : les évènements que vous imposent l'invisible. Propos qui sont corroborés par :

Matthieu 16 : 19 *Je te donnerai les clefs du Royaume des Cieux : ce que tu interdiras ou permettras ici-bas, sera sanctionné par l'autorité divine.* **Parole Vivante.**

En d'autres termes, tu te dois d'apprendre à mettre en mouvement le monde céleste ; mais encore à user de ton autorité pour instaurer l'ordre, c'est la seule possibilité de voir l'ordonnancement des choses dans nos vies, ou sur la Terre. Et celui qui ne marche pas dans cette lumière est un sujet de joie et de proie pour l'ennemi.

Evidemment, le Seigneur de nous dire :

Matthieu 13 :12 **Car** *on donnera à celui qui a et il sera dans l'abondance. Mais à celui qui n'a pas, on n'ôtera même ce qu'il a.* **Louis Segond.**

A celui qui est riche intérieurement, qui a la compréhension des mondes spirituels et le savoir-faire (pratique), on va lui donner de plus en plus de connaissances et de grâces. A celui qui n'est pas riche, et donc ignorant de ses vérités et réalités on va lui prendre ce qu'il a, il va se faire voler spirituellement, par son manque de connaissance : il sera le jouet du Diable.

Evidemment,

I Pierre 5 : 8 *..., le diable, rôde comme un lion rugissant, cherchant qui il dévorera.* **Louis Segond.**

Ceux qui sont ignorant de toute l'organisation des ténèbres, leurs spécificités ; et surtout du Royaume des Cieux et Son fonctionnement.

Vous l'aurez compris l'importance pour nous de comprendre, l'organisation existentielle des mondes tant visibles qu'invisibles. Et de voir à quel point nous avons laissé pendant longtemps du terrain à Satan et ses agents, pour faire de la vie sur Terre ce qu'elle est actuellement : très difficile. Et dans quelle mesure s'inscrire en plus que vainqueur (conquérants).

Le décor étant planté, nous pouvons maintenant rentrer dans le vif du sujet.

Hiérarchisation des mondes

L'existence se structure en trois grands ensembles principaux que sont :

- L'ensemble physiques ; représentés par la vie sur Terre et qui est soumise à la temporalité (au temps) ; depuis la chute dans le Jardin d'Eden. Tout ce qui appartient à cet espace à une durée d'existence ;
- L'ensemble des êtres subtils ; êtres déchus des Cieux. Nous croyons qu'à ce niveau nous n'avons plus besoin d'épiloguer dessus. Ces êtres appartiennent aux réalités sempiternelles (qui ont eu un commencement dans le temps) et qui sont coercitifs c'est-à-dire, ont le pouvoir et la puissance de contraindre les êtres faibles à l'obéissance forcée ;
- L'ensemble divin ; représenté par tous les êtres célestes ne s'étant pas corrompu après la rébellion de Lucifer ; ils appartiennent aux réalités absolues et éternelles. C'est-à-dire, ils ne sont pas comme les créatures existantes dans d'autres sphères de la Création. Ces êtres célestes appartiennent à l'éternité. Et l'éternité est ce qui a donné au temps, un commencement et une fin ; ce qui se comprend lorsque l'on voit Dieu appelé Abram âgé de 75 ans pour une mission divine, que l'horloge ou le calendrier des hommes ne le limite point ; et que l'espace-temps n'a de sens dans les deux ensembles précités ci-dessus, que parce que Dieu a formulé un plan qu'IL souhaite accomplir dans ces espaces.

Dieu ne pouvant être compris dans cet ensemble divin ; Evidemment, cela aurait été une offense pour Sa grandeur. Car ces ensembles sont des ensembles finis (créés). Or Dieu n'a pas été créé. Et, parler de Création suppose un travail de réflexion, d'imagination, de conception pour aboutir à la réalisation.

I Rois 8 : 27 *Mais quoi ! Dieu habiterait-IL véritablement sur la Terre ? Voici, les Cieux et les Cieux des cieux ne peuvent Te contenir : combien moins cette maison que je T'ai bâtie !* **Louis Segond**.

Ces créations ont en elles, une partie de leur Auteur. Mais, les plus aboutis restent la Nouvelle Naissance (la plus des plus aboutis) et l'ensemble divins.

Pour revenir, Dieu n'est pas du même ordre que toutes Ses créatures : un homme n'est pas du même ordre qu'un ordinateur. Un homme n'appartient pas à la catégorie des ordinateurs, des éléments créés qui doivent permettre à cet ordinateur de fonctionner. Dieu est au-delà des ordres créés.

Ce qui a raison emmène Dieu à se fâcher, lorsqu'on Lui compare à une vulgaire chose, ou créature.

Exode 20 : 2-5 *Je suis l'Eternel, ton Dieu, qui t'ai fait sortir du pays d'Egypte, de la maison de servitude.*

Tu n'auras pas d'autres dieux devant ma face.

Tu ne te feras point d'image taillée, ni de représentation quelconque des choses qui sont en haut dans les cieux, qui sont en bas sur la terre, et qui sont dans les eaux plus bas que la terre.

Tu ne te prosterneras point devant elles, et tu ne les serviras point : car moi, l'Eternel, ton Dieu, Je suis un Dieu jaloux, qui punis l'iniquité des pères sur les enfants jusqu'à la troisième et la quatrième génération de ceux qui me haïssent. **Louis Segond**.

Qu'EL ELYON me permette, de transcrire et transmettre avec la profondeur avec laquelle, IL me permet de voir ces réalités et de m'y rapprocher, le plus fidèlement que possible.

L'ensemble ou monde physique

Le monde physique est symbolisé par tout ce qui peut avoir une forme matérielle, qui participent à l'établissement des ordres et qui peut être appréhendé par nos cinq sens. C'est-à-dire, être vu, touché, senti, gouté, écouté. Encore appelé monde concret (concret étant mis pour les hommes) ; ces derniers n'ayant jamais été initié à une autre forme d'enseignement, n'admettent comme unique vérité et enseignement que ce que leur partagent leurs différents sens. Ils ont accès à la connaissance par le moyen des sens.

La Parole les nomme : homme animal. **Version Louis Segond**.

I Corinthiens 2 : 14 *L'homme qui n'a que ses facultés naturelles n'est pas en mesure de percevoir ce qui vient de l'Esprit de Dieu : il n'accepte pas Ses dons et n'admets pas les vérités spirituelles ; elles sont, à ses yeux, pure folie et il est incapable de les comprendre...***Parole Vivante**.

Les hommes qui y vivent sont prisonniers de leurs sens, seuls moyens pour eux d'admettre des informations comme vérité et réalités. Et font appel, dans leur parcours à l'intellect pour analyser toutes informations ; dans leur réalité cela leur apparait comme un avantage ; mais dans les sphères invisibles, cela est une véritable source de limitation.

En réalité, les choses devraient être ordonnées dans le sens que toutes vérités soient validées par des sens spirituels, et sa réalisation, faire appel aux facultés intellectuelles, qui permettent l'accès au physique.

Ce monde se hiérarchise, selon ces différents règnes. Rappelons que l'interdépendance des règnes crée, l'équilibre dans l'ensemble fini.

- Le règne minéral ;
- Le règne végétal ;
- Le règne animal ;
- Le règne humain.

La mission première de l'Homme (Adam) était de veillé à cet équilibre, des règnes terrestres.

Genèse 2 : 16 *L'Eternel Dieu prit l'homme, et le plaça dans le jardin d'Eden pour le cultiver et pour le garder.* **Louis Segond.**

Et en cultivant le Jardin, tout ce qui s'y trouvait portait la vie divine. C'est-à-dire, que la consommation soit elle excessive, ne conduisait nullement à la formation d'une pathologie. La vie et l'ordonnancement des choses se trouvaient respecter.

Dieu fit néanmoins une recommandation à Adam :

Genèse 2 : 16-17 *L'Eternel Dieu donna cet ordre à l'homme : tu pourras manger de tous les arbres du Jardin :*

Mais tu ne mangeras pas de l'arbre de la connaissance du bien et du mal, car le jour où tu en mangeras, tu mourras. **Louis Segond.**

En réalité et en Vérité, Dieu ne maudit point l'homme ; mais, l'avertit d'une conséquence qui lui serait préjudiciable : qui le nuirait.

Cette conséquence Adam l'a expérimenté et nous également la vivons, nous sommes devenus mortels, exposés aux maladies et à tous types d'aléas.

Genèse 3 : 17 *IL dit à l'homme : Puisque tu as écouté la voix de ta femme, et que tu as mangé de l'arbre au sujet duquel Je t'avais donné cet ordre : Tu n'en mangeras point !* <u>***Le sol***</u> *sera maudit* <u>***à cause de toi***</u>*. C'est à force de peine que tu en tireras ta nourriture tous les jours de ta vie.* **Louis Segond.**

Puisque   ⟶   marque la conséquence ;

La malédiction du sol, est la conséquence du changement de Vie ; ce qui faisait vivre ce sol s'est trouvé absent et remplacé par, la mort qui ne doit pas être vu uniquement comme disparition d'un être, mais comme une essence. C'est-à-dire des caractères invariables de certains êtres qui seraient manifestés dans le monde, ou l'ensemble physique. Comme ces essences ne portent plus en elles la vie supérieure (divine) elles ont corrompus la création physique.

Romains 8 : 19-21 *C'est en effet cette révélation des fils de Dieu que la création attend avec un ardent désir.*

Car la création a été soumise au pouvoir de la fragilité ; cela ne s'est pas produit de son gré, mais à cause de celui qui l'y a soumise. Il lui a toutefois donné une espérance :

C'est que la création elle-même sera délivrée de la puissance de corruption qui l'asservit pour accéder à la liberté que les enfants de Dieu connaîtront dans la gloire. **Semeur.**

D'où l'aridité des sols, des climats rudes ; et mêmes parfois, des découvertes médicamenteuses qui soulagent mais, ne rétablit pas l'équilibre du Jardin. Car, au Jardin, l'homme n'a pas perdu des connaissances, mais la présence divine sur toute la Terre : l'essence de toutes vies.

Donc, depuis cette chute, l'homme n'a plus conscience de Dieu, mais uniquement des informations que lui donnent ses sens.

Mais, dans Sa sagesse infinie, Dieu à laisser à la porter de l'homme animal la nature, pour s'en laisser pénétrer et parvenir à la conclusion que Dieu existe. Et de pouvoir se rapprocher de Lui, par cette découverte.

Romains 1 : 19-20 *En effet, nul n'est dépourvu de la notion du vrai Dieu. Tous les hommes ont une connaissance innée de Lui, Lui-même l'ayant placée avec netteté dans leur cœur.*

Depuis la création du monde, les œuvres de Dieu parlent à la pensée et à la conscience des hommes de Ses perfections invisibles : quiconque sait regarder, peut y discerner clairement Sa divinité et Sa puissance. Aussi, depuis les temps anciens, les hommes qui ont sous les yeux la terre et le ciel et tout ce que Dieu a créé, ont connu son existence et Son pouvoir éternel. Ils n'ont donc aucune excuse de dire qu'ils ne savent pas s'il y a un Dieu. **Parole Vivante.**

Puisque nous y sommes, parlons un peu de la nature.

La Nature

La nature nous offre un contact direct avec le divin, par divin nous l'avons dit plus haut le monde du Beau, de l'éternité. Elle nous met au bénéfice des services de guérisons émotionnelles, d'inspirations ou de créativité que l'homme a perdu après la chute. Elle guérit émotionnellement lorsque les hommes s'y rapprochent, sous des arbres pour se reposer d'une journée difficile, pour trouver de la créativité, ou des solutions à certains problèmes.

Les grands hommes, ou encore les grands esprits s'y sont prêtés à cet exercice d'être au contact de la nature, pour ses bienfaits thérapeutiques et, pour la recherche de solutions à un problème et même d'orientation spirituelle, ou de découvertes révolutionnaires. Elle est cet espace de rencontre avec l'au-delà nos yeux.

Genèse 24 : 63 *Un soir qu'Isaac était sorti pour méditer dans les champs…* **Louis Segond**.

Luc 6 : 12-13 *En ce temps-là, <u>Jésus se rendit sur la montagne</u> pour prier, et IL passa toute la nuit à prier Dieu.*

Quand le jour parut, IL appela Ses disciples, et IL en choisit douze auxquels IL donna le nom d'apôtres. **Louis Segond**.

Luc 21 : 37 *Pendant le jour, Jésus enseignait dans le temple, et <u>IL allait passer la nuit à la montagne</u> appelée montagne des Oliviers.* **Louis Segond**.

Ces versets ne sont pas en contradiction avec **Jean 4 :19-24** ; on peut entrer en communion avec Dieu à n'importe qu'elle endroit de l'existence, dans sa chambre, au bureau, dans la rue etc…

Qu'est-ce que je dis : on peut bénéficier de Dieu sur une chaise publique dans un jardin botanique, dans sa maison entourée de la nature, et vraiment vivre des expériences vraiment magnifiques, dans la prière et l'adoration. Même dans l'église locale en permettant également à la nature d'exister, en se débarrassant des fleurs artificielles, de ce qui n'est pas naturelle.

A l'hôpital si une personne est convalescente, on lui demandera du repos que seule la nature peut lui accorder. Pour les vacances, les gens choisissent la nature pour son côté thérapeutique, guérison de l'âme pour entrer avec le monde du beau, du magnifique, du divin.

Ne soyons pas bornés, il n'est nullement question de remplacer Dieu par la nature. Les médicaments que nous consommons sont extraits de la nature. Elle est l'élément de la Création qui nourrit l'ensemble, ou monde physique. Nous tendons simplement à un enseignement correspondant au stade adulte.

Hébreux 6 : 1-3 *C'est pourquoi nous ne voulons pas nous attarder davantage aux notions élémentaires du message chrétien. Dépassons ce stade et tournons-nous vers un enseignement correspondant au stade adulte et qui favorisera notre croissance spirituelle. Ne recommençons pas sans cesse à poser les fondements, c'est-à-dire : l'abandon des œuvres inutiles (de notre vie antérieure vouée à la mort) et la foi en Dieu.*

L'enseignement sur les différents baptêmes, l'imposition des mains, la résurrection des morts et le jugement éternel.

Laissons donc ces notions fondamentales à leur place et abordons ensemble, avec l'aide de Dieu, des vérités plus profondes correspondant au stade adulte. **Parole Vivante**.

Les mondes subtils ou celui des êtres déchus

Les mondes subtils (difficile à percevoir, à saisir) ou celui, des êtres déchus. Il est subtil pour l'ensemble des êtres animaux, qui, comme nous le disions n'ont comme unique moyen d'information leurs cinq sens.

Ils se hiérarchisent en quatre grands groupes que sont :

- Le monde des éléments ;
- Le monde des esprits ;
- Le monde des génies ;
- Le monde des égrégores.

Le monde des éléments

Le monde des éléments est celui qui maintient la vie, la croissance, le développement dans la création physique. Il est la source à l'instar d'une mère qui nourrit tous les êtres vivants appartenant à l'espace terre. Il contient en lui les germes de la santé physique et émotionnelle. Ils se retrouvent fortement dans la nature.

Il a pour mandat d'apporter les ressources nécessaires au maintien de toutes existences sur Terre. On les retrouve aussi bien, dans la consommation, que dans les besoins thérapeutiques.

Toute culture porte en elle, ces éléments,

- Feu (provenant du rayonnement du soleil) ;
- Eau (sels minéraux dans leurs diversités) ;
- Air (symbolisé par les saisons);
- Terre.

Une personne se nourrissant des éléments (uniquement), porte en elle meilleur en point pour sa santé. J'entends par éléments ce qui n'est pas le produit des manipulations des hommes : OGM, pesticides etc… qui portent en elles la mort, comme nous l'avons dit un peu plus haut, et qui sont spirituellement alimentés par l'essence des êtres qui ont partagé cette découverte. C'est ce qui explique tant de maladies, et problèmes qui n'existaient pas par le passé et surtout, la diminution de l'espérance de vie, chez plusieurs peuples, n'étant pas abreuvés ou nourris à la nature. Et le fait que malgré des découvertes de plus en plus nombreuses, la science ne parvient néanmoins pas à régler les problèmes de manière définitive : à cause de l'essence des êtres qui inspirent ces produits.

Genèse 2 : 16-17 *L'Eternel Dieu donna cet ordre à l'homme : Tu pourras manger de tous les arbres du jardin.*

Mais tu ne mangeras pas l'arbre de la connaissance du bien et du mal, <u>car le jour où tu en mangeras, tu mourras</u>. **Louis Segond.**

Tu mourras ⟶ car l'essence de ces êtres, ce qu'ils sont ne produit rien d'autre que ça : la mort, maladie, pauvreté, guerre, famine, sécheresse… c'est la marque de fabrique de ces êtres : ce qui fait qu'ils sont reconnaissables et que l'on reconnaisse leurs produits.

Daniel ne voulant pas être en communion avec eux, ou s'exposé à leur essence à demander à Aschpenaz chef des eunuques de :

Daniel 1 : 8 *… l'obliger à se souiller.* **Louis Segond.**

Daniel 1 : 12-16 *Eprouve tes serviteurs pendant dix jours, et qu'on nous donne des légumes à manger et de l'eau à boire ;*

Tu regarderas ensuite notre visage et celui des jeunes gens qui mangent les mets du roi, et tu agiras avec tes serviteurs d'après ce que tu auras vu.

Il leur accorda ce qu'ils demandaient, et les éprouva pendant dix jours.

Au bout de dix jours, ils avaient meilleur visage et plus d'embonpoint que tous les jeunes gens qui mangeaient les mets du roi. **Louis Segond.**

Personnellement, je n'ai rien contre la science. Car j'estime que : *L'Univers est le secret de Dieu ; ce qui représente le mieux l'infini grandeur de Sa Sagesse, Son intelligence, et sa connaissance. Le contempler est une chose merveilleuse qui nous permet de comprendre combien grande est la pensée du Créateur, aussi complexe que merveilleuse.*

La beauté de l'Univers, nous introduit dans le champ magnifique des standards de Dieu ; de cet Etre qui aime l'excellence dans tous ce qu'IL fait.

Découvrir ces mystères qui remplissent l'Univers est la responsabilité des fils du Très-Haut ; de rendre témoignage de ce Dieu ; notre Dieu.

Au travers de la science nous apportons le témoignage infini du Dieu Très-Haut ; la louange à Son grand Nom et à Son Règne éternel. Car, la science est un emploi que le Dieu Infini et sublime met à la disposition des hommes, pour les assurer de Son existence, et de comprendre à une échelle réduite, l'intelligence hautement variée et infini, du Dieu Tout-Puissant et Eternel. Elle est la preuve apportée à la Création entière que l'Homme est Son Image et Sa ressemblance. Elle n'est pas en contradiction avec l'Evangile. Car, toutes les découvertes qui y sont faites rendent gloire à l'Auteur de la Vie : de l'existence de toutes choses.

Placer la science au fauteuil de discipline à traiter avec des pincettes, c'est refusé à Dieu l'honneur qui Lui est dû, d'être le Créateur de toutes choses : le Principe de toute existence.

Voir nos élites embrassés cette discipline, participera grandement à l'établissement et à la proclamation de notre Royaume : le Royaume des Cieux.

Comme Tu es grand Dieu Tout-Puissant ! Je T'aime tant Jésus !

Je voulais uniquement souligner la corruption dont est victime les éléments, et qui nous affecte. Ceci dit nous comprenons que les fils de Lumière inspirés par le Saint-Esprit ne pourront transmettre que la Vie divine qui coule, du Saint-Esprit, c'est là mon propos. Tout ce qui n'est pas manipulé et vendu au marché, participe et favorise à la croissance et au développement de l'homme.

D'ailleurs lorsque l'on étudie en profondeur ces éléments, nous comprenons que leur choix dans l'organisation et le maintien de l'existence n'est pas fortuit.

- L'eau pour combler toutes espèces de soif ;
- L'air pour rafraîchir l'existence dans cette partie de la Création ;
- La terre pour rebâtir sur quelque chose de nouveau ;
- Le feu pour ne conserver uniquement, les éléments (êtres) purs, les éclairer et les conduire vers le Créateur, d'où sa direction vers le haut ;
- L'espace pour se mouvoir, et se réaliser.

On peut voir à cette lecture, le projet de reconquête, de colonisation de la Terre. Mais aussi, de maintien de la vie, de l'existence, et de réalisation. A cela se justifie les luttes écologiques des différents mouvements ou organisations, bien qu'ils/elles ne le fassent pas dans des buts spirituels.

Mais nous compléterons cette compréhension du monde des éléments au travers du monde des esprits.

Le monde des esprits

Dans cette partie nous parlerons des esprits déchus. Il va sans dire que Dieu est Esprit comme nous l'enseigne les Saintes Ecritures ; nous avons catégorisé l'existence et c'est selon cette catégorisation que nous parlerons des esprits, sans pour autant omettre que les êtres divins le sont également.

Les esprits sont des êtres qui ont été créés par Dieu et aux fonctions diverses, selon la programmation faite, suivant les objectifs ou l'organisation que le Dieu Très-Haut avait décidé. Nous avons déjà compris qu'en Dieu,

Jacques 1 : 17...*Il n'y a ni changement ni ombre de variation.* **Louis Segond**.

Et donc, qu'il ne sera pas question de revenir sur le fait de la rébellion dans le Ciel. Mais de poursuivre sur des points qui pourront, nous permettre de travailler pour notre Royaume : le Royaume des Cieux dans l'éveil spirituel qui doit être nôtre.

Comme nous l'avons dit plus haut, les esprits avec petit e, sont des êtres sempiternels et coercitifs. Qui veille à l'application des lois fixés et établis par le Dieu Très-Haut. Les uns, pour déceler les faiblesses des êtres humains, et les conduire à une non application de ces lois et principes ; et donc, de pouvoir s'adjuger le droit de dominer sur eux. Les autres (pour ce qui concerne notre temps), à la reconquête des espaces laissés par l'homme ; en œuvrant à leur côté pour ce qui concerne les rachetés pour soumettre les puissances rebelles à l'obéissance de Christ.

Ils sont les garants de la destinée des hommes, de leur plein accomplissement, ou de leur non-accomplissement. En ce sens que Dieu formule les projets pour Ses enfants, et par les esprits qu'IL met à leur côté, leurs différentes destinées peuvent s'accomplir pleinement.

Exode 23 : 20-21 *Voici, J'envoie un ange devant toi, pour te protéger en chemin, et pour te faire arriver au lieu que J'ai préparé.*

Tiens-toi sur tes gardes en sa présence, et écoute sa voix : ne lui résiste point, parce qu'il ne pardonnera pas vos péchés, car Mon Nom est en lui. **Louis Segond**.

Même Jésus, avait besoin de leurs présences sur Terre pour accomplir Sa destinée.

Jean 1 :51 *Et IL ajouta (en S'adressant à tous) : Oui, vraiment, Je vous l'assure, à partir de maintenant vous verrez le Ciel ouvert et les anges de Dieu monter et descendre entre ciel et Terre au service du Fils de l'homme.* **Parole Vivante**.

Luc 1 : 19-20 *L'ange lui dit : Je suis Gabriel, et je me tiens devant Dieu ; J'ai été envoyé pour te parler, et pour t'annoncer cette bonne nouvelle.* **Louis Segond**.

Le monde des esprits est le monde de la mémoire, le monde qui conserve la trace de ce qui est, qui a été, qui sera et qui distribue à chacun selon ses œuvres, en prenant pour acquit les œuvres, les actes, les alliances conscientes comme inconscientes. C'est un monde qui fonctionne sur l'archivage, des différents faits qui constituent l'existence. Une bibliothèque vivante de toutes les informations passées, réalisées par les créatures vivantes. C'est très important ce que je dis. C'est ce que Jésus nous a déclaré dans :

Matthieu 12 : 36-37 *Je vous le dis : au jour du jugement, les hommes rendront compte de toute parole vaine qu'ils auront proférée.*

Car, par tes paroles tu seras justifié, et par tes paroles tu seras condamné. **Louis Segond**.

Car, le monde des esprits est un monde de mémoire.

Apocalypse 20 : 12 *Je vis les morts, sans distinction : grands et petits, comparaissant devant le Trône. Des livres furent ouverts. On ouvrit aussi le Livre de Vie. Les morts furent jugés, chacun d'après ses actes, suivant ce qui était inscrit dans ces livres.* **Parole Vivante**.

Apocalypse 20 : 12 *Et je vis les morts, les grands et les petits, qui se tenaient devant le Trône. Des livres furent ouverts. Et un autre livre fut ouvert, celui qui est le Livre de Vie. Et les morts furent jugés selon leurs œuvres, d'après ce qui était écrit dans ces livres [c'est-à-dire, tout ce qui s'est fait sur la terre].* **Bible détaillée**.

Il n'y a rien qui se passe sur Terre, qui ne soit su et connu du monde des esprits. Tout est archivé. Tout est conservé et tout suit un processus.

Les esprits ont comme fonction de conserver la trace, de ce qui a été, de ce qui est. De sorte que nul ne puisse passer entre les mailles du filet. Cette vérité qui se vérifie chez les êtres divins, est également vraie chez les êtres sombres : ils conservent la trace de ce qui a été et de ce qui est. Et veille à la pérennisation des acquis, à la conservation des alliances.

Exode 3 : 15 *Dieu dit à Moïse : Tu parleras ainsi aux enfants d'Israël : l'Eternel, le Dieu de vos pères, le Dieu d'Abraham, le Dieu d'Isaac et le Dieu de Jacob, m'envoie vers vous. Voilà Mon Nom pour l'éternité, voilà Mon Nom de génération en génération.* **Louis Segond**.

Genèse 35 : 11-12 *Dieu lui dit : Je suis le Dieu Tout-Puissant. Sois fécond, et multiplie : une nation et une multitude de nations naîtront de toi, et des rois sortirons de tes reins.*

Je te donnerai le pays que J'ai donné à Abraham et à Isaac, et Je donnerai ce pays à ta postérité après toi. **Louis Segond**.

L'alliance tissée par Abraham avec Dieu, et les acquis de cette Alliance sont le partage de sa descendance. Car, le monde des esprits donne à chacun selon ses œuvres. Et la Bible nous enseigne ceci, pour corroborer ce propos que :

Genèse 9 : 20-25 *Noé commença à cultiver la terre, et planta de la vigne.*

Il but du vin, s'enivra, et se découvrit au milieu de sa tente.

Cham, père de Canaan, vit la nudité de son père, et il le rapporta à ses deux autres frères.

Alors Sem et Japhet prirent le manteau, le mirent sur leurs épaules, marchèrent à reculons, et couvrirent la nudité de leur père ; comme leur visage était détourné, ils ne virent point la nudité de leur père.

Lorsque Noé se réveilla de son vin, il apprit ce que lui avait fait son fils cadet.

Et il dit : Maudit soit Canaan ! Qu'il soit l'esclave des esclaves de ses frères ! **Louis Segond**.

Exode 3 : 7-8 *J'ai vu la détresse de Mon peuple en Egypte et J'ai entendu les cris que lui font pousser ses oppresseurs. Oui, Je sais ce qu'il souffre.*

C'est pourquoi Je suis venu pour le délivrer des Egyptiens, pour le faire sortir d'Egypte et le conduire vers un bon et vaste pays, un pays ruisselant de lait et de miel ; c'est celui qu'habitent les Cananéens, les Hittites, les Amoréens, les Phéréziens, les Héviens et les Yebousiens. **Semeur**.

Dieu a envoyé Son peuple en territoire Cananéen, Phérezien… descendants de Cham. Car dans le monde des esprits, la parole de Noé avait été scellé, archivé et devait trouver son plein accomplissement. Et son plein accomplissement était que Canaan soit l'esclave, des esclaves de ses frères. Et si ses frères voulaient de quelque chose qui fut la propriété de Canaan, cela devait automatiquement les revenir car, spirituellement la condition d'esclave, des esclaves ne leur permettait pas de s'asseoir avec les autres pour négocier ou discuter quoique ce soit.

Ceci étant compris, je peux me permettre de parler des êtres sombres. Qui eux aussi veilleront à faire respecter ce principe. Tous les acquis d'une lignée de sang, seront également conservés par le monde sombre, et transmis à la descendance qui suit. Le monde sombre déciderait alors d'imposer une destinée quelconque à qui il souhaiterait, selon les acquis qu'il a pu obtenir sur ce sang. Généralement, celui à qui le monde des ténèbres imposerait une destinée quelconque, ou chaotique est toujours porteur d'une destinée glorieuse selon, les projets formés par El Elyon. Seulement, le royaume des ténèbres aime à s'opposer à la volonté de Dieu.

J'aime bien cette phrase, bien qu'elle ne soit pas de moi, je vais néanmoins la paraphraser : *la génétique est l'écriture spirituelle du monde invisible concernant la destinée d'une personne : la direction que le monde invisible donne à sa vie. Elle est la loi des affinités qui permet à une tierce personne d'hériter du capital ou des acquis de son sang*. En d'autres termes, le monde invisible a écrit ce que doit être la vie de celui qui arrive sur la terre. Et comme l'humanité est tombé dans le chaos, par la faute d'Adam, l'homme est régi par la puissance des ténèbres qui lui impose, des destinées ou vies chaotiques selon leur nature (nature des esprits sombres), bien que Dieu ait formé des projets de paix et non de malheur pour l'homme. Les orientations des vies sur Terre sont régies par les puissances des ténèbres, au moyen du sang et des acquis réalisés durant la vie des tierces personnes (pacte, malédiction prononcée sur la personne, fautes ou péchés etc..).

Ezéchiel 16 : 1-6 *L'Eternel m'adressa la parole et me dit :*

Fils de l'homme, fais connaître à Jérusalem ses crimes abominables.

Dis-lui : voici ce que le Seigneur, l'Eternel, déclare à Jérusalem : Par ton origine et ta naissance, tu appartiens à la terre des cananéens ; ton père était un Amoréen et ta mère une Hittite.

Au moment de ta naissance, personne n'a coupé ton cordon ombilical, personne ne t'a baignée dans l'eau pour te laver. Tu ne fus ni frottée avec du sel, ni emmaillotée dans des langes.

Personne n'a jeté sur toi un regard de pitié pour te rendre un seul de ces services. Au jour de ta naissance, on t'a prise en dégout et tu as été jetée au milieu des champs.

J'ai passé près de toi et Je t'ai aperçue te débattant dans ton sang. Alors Je t'ai dit : il faut que tu vives, même au milieu de ton sang. [Oui, Je t'ai dit : il faut que tu vives au milieu de ton sang]. **Semeur.**

On t'a prise en dégout ⟶ *Le monde sombre ou obscur.*

Personne n'a coupé ton cordon ombilical ⟶ *il est question des êtres invisibles qui régissent la destinée des hommes sur Terre.*

En prenant appui sur l'acquis du sang, les alliances conclues avec les ascendants de ce sang, ils ont le droit d'imposer, ou d'exécuter leurs plans sur le descendant, de ce sang. Il faudrait que l'on comprenne cette vérité spirituelle, et cela est très important, pour que vous sachiez bénir éternellement Dieu notre Père pour l'œuvre accompli par Jésus notre Seigneur à la Croix. Par ces droits de sang, ou de pacte, ou de malédictions, ils ont le droit de retenir prisonnier et dans ce cercle vicieux quiconque est détenteur de ce sang. Par conséquent, aucun homme ne pouvait être délivré de ce cercle vicieux, ou ne peut de lui-même se délivrer de ce cercle vicieux. Ce qui explique que, les vies négatives de plusieurs ascendants se reproduisent sur leur descendance. Car, tout se transmet, aussi bien les choses positives que négatives. Dans le monde des esprits, il n'y a pas de gratuité, les dettes doivent être toujours payées. Et parce que, une personne à péché que le sang entier a péché.

I Corinthiens 15 : 21-22 *Par un homme, la mort a fait son entrée dans ce monde ; il fallait donc que la résurrection vienne aussi par un homme.*

En effet, étant de la race d'Adam, tous les hommes sont voués à la mort par solidarité avec lui et avec sa faute. De même, à cause du Christ, et du fait de leur union avec Lui, tous seront ramenés à la vie. **Parole Vivante.**

Josué 7 : 19-25 *Josué dit à Acan : Mon fils, donne gloire à l'Eternel, le Dieu d'Israël, et rends-Lui hommage. Dis-moi donc ce que tu as fait, ne me le cache point.*

Acan répondit à Josué, et dit : il est vrai que j'ai péché contre l'Eternel, le Dieu d'Israël, et voici ce que j'ai fait.

J'ai vu le butin un beau manteau de Schinear, deux cent sicles d'argent, et un lingot d'or du poids de cinquante sicles : je les ai convoités, et je les ai pris : ils sont cachés dans la terre au milieu de ma tente, et l'argent est dessous.

Josué envoya des gens, qui coururent à la tente : et voici, les objets étaient cachés dans la tente d'Acan, et l'argent était dessous.

Ils prirent du milieu de la tente, les apportèrent à Josué et à tous les enfants d'Israël, et les déposèrent devant l'Eternel.

Josué et tout Israël avec lui prirent Acan, fils de Zérach, l'argent, le manteau, le lingot d'or, les fils et les filles d'Acan, ses bœufs, ses ânes, ses brebis, sa tente, et tout ce qui lui appartenait et ils les firent monter dans la valée d'Acor.

Josué dit : Pourquoi nous as-tu troublés ? L'Eternel te troublera aujourd'hui. Et tout Israël le lapida. On les brûla au feu, on les lapida. **Louis Segond.**

Le seul moyen d'arrêter un tel flux de négativité, car ne vous y trompez pas, pour ceux qui jouissent de ce qu'ils appellent les faveurs de Satan, vous n'y êtes pas libérés ; mais contenus dans une illusion, qui pourra durer le temps de votre passage sur Terre. Car, la réalité et la vérité vous rattrapera après votre mort. Et comme je le disais, le seul moyen d'y échapper est de recevoir Jésus comme Seigneur et Sauveur, personnel.

Jean 6 : 47-51 *En vérité, en vérité, Je vous le dis, celui qui croit en Moi à la vie éternelle.*

Je suis le Pain de vie.

Vos pères ont mangé la manne dans le désert, et ils sont morts.

C'est ici le pain qui descend du Ciel, afin que celui qui en mange ne meure point.

Je suis le Pain vivant qui est descendu du Ciel. Si quelqu'un mange de ce pain, il vivra éternellement ; et le pain que Je donnerai, c'est ma chair, que Je donnerai pour la vie du monde. **Louis Segond.**

Mais également d'associer, à ce premier acte la connaissance de la Vérité : sa mise en pratique pour atteindre la maturité ou l'éveil spirituel, qui vous permettra de ne plus être le repas de Satan et de sa cohorte.

Le Sang de Jésus, est vraiment Précieux pour nous sortir de la mort éternelle. Et la connaissance de la Vérité, des lois et principes du Royaume des Cieux, pour nous permettre de marcher en plus que vainqueur sur la Terre.

Jean 8 : 36 *Vous connaîtrez la Vérité, et la Vérité vous affranchira.* **Louis Segond.**

Jean 8 : 36 *Vous connaîtrez la Vérité, vous la comprendrez, vous la mettrez en pratique, et la Vérité vous rendra libre de la domination des esprits des ténèbres qui agit sur votre quotidien.* **Daniel.**

Oui, c'est vraiment le seul moyen ; bien que certains croient qu'entrer en pacte avec le royaume des ténèbres arrêterait ce flux de négativité. En réalité, et en vérité il n'en est pas ainsi. Cette pratique n'est qu'un endettement supplémentaire de la personne sur sa vie, son sang [endettement qu'elle ou son sang, payera soit dans cette vie, soit dans la vie après la mort].

Romains 3 : 23 *Car tous ont péché et sont privés de la gloire de Dieu.* **Louis Segond.**

Continuons sur notre compréhension de l'esprit. L'esprit est celui qui communique la force à la volonté humaine. Nous l'avons dit, il est la source du plein accomplissement, ou du non-accomplissement des projets sur Terre (qu'ils soient divins ou pas). C'est lui qui nous aide en nous communiquant sa nature, pour accomplir sa volonté. Qui partage avec nous son essence, afin de nous permettre de réaliser sa volonté.

Juges 14 :6 *L'Esprit de l'Eternel saisit Samson ; et sans avoir rien à la main, Samson déchira le lion comme on déchire un chevreau. Il ne dit point à son père et à sa mère ce qu'il avait fait.* **Louis segond.**

Jean 15 : 5 *Je suis le Cep de la vigne, vous en êtes les sarments. Celui qui demeure uni à Moi et en qui coule Ma vie, portera du fruit en abondance, car séparés de Moi, vous ne pouvez rien faire du tout.* **Parole Vivante.**

Zacharie 4 : 6-7 *IL reprit et me dit :*

---Voici le message que l'Eternel adresse à Zorobabel :

« Cette œuvre, vous l'accomplirez ni par votre bravoure ni par la force, mais c'est par Mon Esprit, le Seigneur des Armées célestes le déclare.

Et qu'es-tu, toi, grande montagne ? Devant Zorobabel, tu seras transformée en plaine. Il extraira de toi la Pierre Principale au milieu des acclamations : Dieu la bénisse ! Dieu la bénisse ! » **Semeur.**

Philippiens 2 : 13 *Car c'est Dieu qui produit en vous le vouloir et le faire, selon Son bon plaisir.* **Louis Segond.**

Selon Son bon plaisir ——————⟶ *selon, qu'IL désir que vous atteignez tel objectif, vous vous sentirez porter par Sa puissance, et selon qu'IL ne désir point que vous vous lanciez dans une direction, vous ne vous trouveriez point porter.*

Ce qui est vrai pour EL ELYON l'est aussi pour les puissances des ténèbres.

Or, la foi est le moyen par lequel Dieu nous porte : nous communique Sa nature et Sa capacité. Et le doute le moyen par lequel, les puissances des ténèbres retiennent captifs les hommes. Expliquons, le principe de manière spirituelle.

Ce que nous sommes spirituellement, ce que nous possédons spirituellement est marqué sur nos esprits, de sorte que cette écriture soit vue et connue de tous. Par tous entendez le monde invisible. Ainsi, un enfant du Royaume se verrait marqué du sceau du Saint-Esprit,

II Corinthiens 1 : 21-22 *... Celui qui nous affermit avec vous en Christ, et qui nous a oints c'est Dieu.*

Lequel nous a aussi marqués d'un sceau et a mis dans nos cœurs les arrhes de l'Esprit. **Louis Segond.**

Et un enfant des ténèbres du sceau des ténèbres.

Apocalypse 13 : 16-17 *Et elle fit que tous, petits et grands, riches et pauvres, libres et esclaves, reçussent une marque sur leur main droite ou sur leur front.*

Et que personne ne pût acheter ni vendre sans avoir la marque, le nom de la bête ou le nombre de son nom. **Louis Segond**.

Tous les arrêtés du monde invisible, sont inscrits sur les esprits sur lesquels cela s'appliquent ; aussi bien sur les fils de lumières, que sur les fils des ténèbres. Les plans poursuivis par chacune des différentes zones y sont marqués. Et peuvent être vu et connu des êtres spirituels : l'appartenance à telle famille, les dettes de cette famille spirituellement, les avantages spirituels de cette famille, les alliances de cette famille, la destinée des membres de cette famille. Tout est à la disposition de ces êtres spirituels, ils vous lisent comme lisant un livre ouvert.

Matthieu 2 : 1-2 *Jésus étant né à Bethléem de Judée, au temps du roi Hérode (Hérode le Grand), des mages (hommes sages) venant de l'est à Jérusalem, demandant,*

« Où est Celui qui est né Roi des juifs [Celui qui est choisi par Dieu comme Roi de ce peuple, du peuple juif] ? Car nous avons vu son Etoile dans l'est et nous sommes venus pour L'adorer. » **Bible Détaillée**.

Ce qui signifie qu'étant en un quelconque lieu, les esprits présents en ce lieu sauront qui vous êtes, et comment ils doivent agir à votre en contre : s'ils ont le droit de vous refuser quoique ce soit, ou de vous dérouler le tapis rouge ; bien évidement selon les alliances qui parlent sur vos vies ; et les passe-droits que leur donnent les hommes qui vous haïssent ou qui vous aiment, par leurs malédictions, ou bénédictions.

Comprenons maintenant cette affaire d'écriture. Dans le monde des esprits. Lorsqu'une personne écoute un message divin, et qu'elle croit dans son cœur l'ange porteur du message ou opérant, derrière le messager inscrit cela sur la vie, ou la destinée de cette personne.

Genèse 4 : 15 *L'Eternel lui dit : Si quelqu'un tuait Caïen, Caïen serait vengé sept fois. Et l'Eternel mit un signe sur Caïen pour que quiconque le trouverait ne le tuât point.* **Louis Segond**.

Et si la personne devait douter en elle-même, le message ne serait pas écrit sur sa destinée ; par conséquent sa destinée ne pourrait être modifiée selon la volonté d'EL ELYON.

Car, en doutant, l'esprit appelez à réaliser cette œuvre n'aurait pas le droit de la réaliser ; la personne devant être au bénéfice de cette œuvre, ou grâce n'ayant pas donné son accord, du fait de ne pas avoir mise son entière confiance sur EL ELYON, pour ce changement. Implicitement, ce qui en ressortirait est que : elle croit plus en la puissance ou aux pouvoirs des ténèbres, en leurs supériorité sur la Lumière. Ce qui apparait comme une offense pour EL ELYON.

Le cas de Zacharie dans *Luc 1 : 11-20* est une exception, où, EL ELYON à laisser jouer Sa souveraineté sur lui. De sorte que la venue de Christ ne soit pas retardée. Car, les temps étaient déjà accomplis. Pour le reste c'est suivant ce principe que les choses se font.

Hébreux 11 : 6 *Or, sans la foi, il est impossible de Lui être agréable. Car celui qui s'approche de Dieu doit croire qu'IL existe et qu'IL récompense ceux qui Le cherchent.* **Semeur.**

Romains 4 : 3 *Car que dit l'Ecriture ? Abraham crut à Dieu, et cela lui fut imputé à Justice.* **Louis Segond.**

Cela lui fut imputé à Justice ⟶ *cela fut marqué sur lui et sa descendance. Ces descendants furent inscrits comme participants à l'alliance scellée par leur ancêtre.*

Hébreux 7 : 9-10 *Et en fin de compte, lorsqu'Abraham a donné la dîme à Melchisédech, on peut considérer que Lévi lui-même, qui aujourd'hui reçoit la dîme (dans la personne de ses descendants), l'a payée à cet Homme en la personne d'Abraham.*

*En effet, <u>bien qu'il ne soit pas encore né, il existait déjà en puissance</u> dans la personne de son ancêtre Abraham lorsque Melchisédech vint à la rencontre de celui-ci. ...***Parole Vivante.**

Pour comprendre ce qui se dit, nous allons expliquer la venue au monde d'un être humain.

Un être humain provient de l'union d'un homme (père) et d'une femme que l'on appelle (mère). Dans la spiritualité, la désignation des deux êtres devant aboutir à la formation, ou la venue au monde d'un être humain n'est pas fortuite :

Le père est celui qui transmet la vie, l'esprit humain à la femme (future mère), par les spermatozoïdes. La mère (femme) va apporter l'enveloppe physique à cet esprit humain, grâce à l'ovaire. La mère est le concret de la vie : celle qui permet l'existence de tout esprit humain sur la Terre. De cette union, le monde invisible va écrire le futur ou, la destinée de l'enfant naissant des deux partenaires, par l'ADN.

Comme le rapport sexuel est une alliance des mondes invisibles, des capitaux engrangés par les différentes lignées de sang, l'enfant se retrouve être participant dès sa naissance aux avantages, comme inconvénients hérités de son sang. Sans oublier qu'il participe à toutes les alliances faites par ses parents, car ce sont eux qui l'emmène à l'existence, sur le principe de leur union sexuelle, et de la transmission des informations génétiques.

Ce qui nous conduit à la conclusion de cette partie que : la vie est avant tout spirituelle. Que l'homme est un esprit avant d'être une âme, et une matière. Par conséquent, négliger le monde invisible, ignorer ces principes et lois c'est, s'exposer à la malice, la cruauté et la volonté de ces esprits méchants, qui n'en demandent pas moins que le fait pour eux d'être considérés comme une histoire saugrenue. Et que les hommes ne puissent pas pousser la curiosité, à pouvoir échapper à leur emprise par la connaissance de la Vérité.

Organisation du monde des ténèbres

Ephésiens 6 : 12 *Car ce n'est pas seulement de notre combat à nous qu'il s'agit. Nous n'avons pas à lutter uniquement contre notre nature terrestre, ni contre de simples ennemis mortels, mais contre les puissances occultes, contre une organisation spirituelle satanique, contre les dictateurs invisibles qui, dans les ténèbres, veulent contrôler et régir notre monde, contre la légion des esprits démoniaques dans les sphères surnaturelles, véritables agents du quartier général du mal.* **Parole Vivante.**

Ephésiens 6: 12 *Car nous n'avons pas à lutter contre la chair et le sang, mais contre les dominations, contre les autorités, contre les princes de ce monde de ténèbres, contre les esprits méchants dans les lieux célestes.* **Louis Segond.**

Toute organisation quelle qu'elle soit sur Terre, est avant tout une inspiration du monde invisible qui désirait la réaliser, la concrétiser dans le domaine de la matière : dans le domaine des sens (le monde physique). Derrière cette volonté se cache des êtres aux grades divers, permettant selon l'autorité qui est la leur de réaliser et d'établir ces visions, ou but : d'accompagner l'homme ou la femme devant porter ces projets du monde invisible.

Les différents grades

Domination :

Ce sont les esprits les plus élevés en dignité dans le royaume des ténèbres : les seigneurs qui possèdent de larges zones d'influence. Une domination des ténèbres annihile toute volonté personnelle, par sa présence, elle vous communique sa nature qui vous, gèle et vous conduit à exécuter ses désirs ou volonté. A la différence de simples esprits de ténèbres qui doivent s'associer, pour contraindre la personne à se soumettre à leur volonté, la domination y parvient toute seule. Sa volonté s'impose à vous comme un poids de 2 tonnes que devrait supporter un homme pesant 60 kg. Autrement dit, elle broie toute volonté propre. La résister demande vraiment à une vie de consécration, qui aurait permis à votre esprit d'atteindre la stature parfaite de Christ-Jésus.

Matthieu 17 : 19, 21 *Alors les disciples s'approchèrent de Jésus, et Lui dirent en particulier : Pourquoi n'avons-nous pu chasser ce démon ?*

…Cette sorte de démon ne sort que par la prière et par le jeûne. **Louis Segond.**

Non pas qu'il faudrait au préalable aller prier et jeûner pour les chasser, mais une consécration de tous les jours. Une croissance spirituelle de votre esprit qui aurait atteint la stature parfaite de notre seigneur Jésus-Christ.

Les dominations des ténèbres sont des esprits qui accordent, la capacité à un tiers de régner sur un peuple, que sa parole fasse trembler une nation, de construire pour ceux qui sont en alliance avec elles, des multinationales, d'avoir une renommée internationale, d'avoir un puissant leadership etc... C'est ce que l'on appelle dans le jargon païen les égrégores.

Elles rentrent dans la vie d'une tierce personne, pour la transformer en une personne inique, foncièrement méchante, perverse sans état d'âme pouvant agir sans soucis ou remord, afin qu'elle soit un instrument de destruction de sa propre vie et de la vie des autres (cas d'Hitler pour l'histoire, ou de dictateurs africains). Elles ont pour but de rendre la vie misérable, très difficile, triste et sans espoir.

Autorités des ténèbres :

Les autorités des ténèbres sont les esprits ayant reçus une délégation de pouvoir de mission de la part de leur supérieur hiérarchique.

Les Principautés des ténèbres :

Les Principautés des ténèbres sont des esprits ayant reçu la direction d'un territoire : d'une ville, d'une province etc… et qui ont à leur service des milliers de démons, qui travaillent selon l'essence de ce prince de démon, et des objectifs qui ont été fixés à cette principauté.

Elles permettent à un individu de régner dans un champ, c'est-à-dire soit dans les sciences, les sports, audiovisuels etc… c'est ce que l'on appelle régulièrement les génies. Les génies sont des personnes travaillant avec ces principautés, pas nécessairement de manière consciente. Mais, qui vont au travers de ces principautés, apporter un monde d'intelligence qui n'est pas la coutume des hommes charnels. Les évolutions technologiques pour la plupart sont l'œuvre de ces esprits des ténèbres au côté de ces hommes. Par monde d'intelligence, entendez un savoir-faire qui n'est pas la portée de l'homme animal. Et qui révolutionne toujours ce qui se fait présentement. Dans le domaine de la santé, on pourra constater toujours de nouvelles fabrications de nouveaux médicaments, venant remplacer les précédents du fait que la nature de ces êtres ne peut, ramener l'homme à l'état de guérison totale. Mais, le soulager toujours pour un laps de temps. Car leur objectif, sera toujours de causer plus de maux à l'homme.

Pour les plus fous, parmi nous n'aller pas traduire cet enseignement comme étant une raison, ou indication de ma part de ne plus acheter de médicaments, des téléphones…, car dans ce sens, il faudrait tout refuser dans ce monde ; car nous sommes minoritaires dans le domaine des sciences (fils du Très-Haut). Et de ne plus envoyer vos enfants à l'école, car les mathématiques bien qu'étant l'œuvre du Très-Haut ont été pendant longtemps un savoir et savoir-faire ésotérique qui n'appartenait qu'à des initiés du monde occulte. Le fait de sa propagation ne nous met pas nécessairement en communion avec ces puissances occultes, mais nous permet de comprendre et de réaliser plusieurs choses dans la vie.

Par contre, si sachant avec certitude que des imprécations et des incantations ont été réalisées pour permettre la vente de telle chose (aliments, vêtements…) là, vous vous devez de vous abstenir, en accord avec :

I Corinthiens 10 : 25-28 *Vous pouvez bien manger de tout ce qui se vend à la boucherie, sans faire d'enquête sur l'origine de ces viandes par scrupule de conscience.*

Car, la Terre appartient au Seigneur avec tout ce qu'elle contient.

Si un non croyant vous invite et que vous avez envie d'y aller, mangez tranquillement de tout ce qu'on vous servira, sans vous laisser tourmenter par des scrupules de conscience.

Mais si quelqu'un vous dit : « cette viande a été offerte en sacrifice à une idole », alors abstenez-vous d'en manger à cause de celui qui vous a prévenu et pour des raisons de conscience. **Parole Vivante.**

Et puis,

I Thimothée 4 : 5 *… tout est sanctifié par la parole de Dieu et par la prière.* **Louis Segond.**

A moins que vous ayez une direction directe du Seigneur, par le Saint-Esprit vous y interdisant.

Juges 13 : 3-5 *Un ange de l'Eternel apparut à la femme, et lui dit : Voici, tu es stérile, et tu n'as point d'enfants : tu deviendras enceinte, et tu enfanteras un fils.*

Maintenant prend bien garde, ne bois ni vin ni liqueur forte, et ne mange rien d'impur.

Car tu vas devenir enceinte et tu enfanteras un fils. Le rasoir ne passera point sur sa tête, parce que cet enfant sera consacré à Dieu dès le ventre de sa mère ; et ce sera lui qui commencera à délivrer Israël de la main des Philistins. **Louis Segond**.

Ce que je vous enseigne a uniquement pour but, de vous permettre de comprendre les différents adversaires auxquels vous faites face, leurs spécificités. Pour en déduire, le niveau de l'agent des ténèbres qui vous affronte ; ce qui déterminera dans un certains contexte le temps que dura les combats, ou batailles.

Les esprits méchants :

En ce qui concerne cette catégorie, n'allons pas croire qu'un démon a en lui le germe de la bonté. Un démon reste un démon quel qu'en soit la catégorie à laquelle, il appartient. Néanmoins, dans leur organisation la méchanceté est subdivisée en plusieurs départements.

Je retiendrai particulièrement l'échelle du Novenaire, qui catégorise à mon sens le mieux cette subdivision du monde des ténèbres.

- Faux dieux avec à leur tête Belzebuth ;
- Les esprits de mensonge avec à leur tête Python ;
- Les esprits d'iniquités et de colère, ayant pour objectif de transformer les hommes en vases de colère avec à leur tête Belial ;
- Les esprits vengeurs de crimes avec à leur tête Asmodée ;
- Les esprits sorciers avec à leur tête Satan ;
- Les Puissance de l'air avec à leur tête Merihem ;
- Les esprits de furies semant les maux, et discordes avec à leur tête Abaddon ;
- Les esprits inquisiteurs et accusateurs avec à leur tête Astaroth ;
- Les esprits tentateurs ou guetteurs Mammon ;

C'est cette organisation qui œuvre dans les sphères invisibles, pour garder l'homme dans le domaine des sens. Mais aussi, et surtout pour l'empêcher d'établir tout contact avec le Royaume des Cieux. Et de les trainer avec eux, dans la géhenne éternelle ; en les poussant à la faute.

Ephésiens 2 :1-2 *Autrefois, vous étiez morts à cause de vos fautes et de vos péchés.*

Par ces actes, vous confirmiez alors votre manière de vivre celle de ce monde et vous suiviez le chef des puissances spirituelles mauvaises, cet esprit qui agit maintenant dans les hommes rebelles à Dieu. **Semeur.**

Comprenez encore une fois que seul Jésus libère de cette influence ; et que les croyances des peuples, les concepts, les traditions mondaines ne sont que l'éducation de ces mondes des ténèbres, qui les gardent par ces fables et autres dans des illusions. Et que toute prédication de la Vérité ou enseignement les désarmeraient, d'où leur combat acharné contre les saints et l'Eglise en général, pour tenter de les discriminer aux yeux des païens. Et les encourager[les païens] à la vie (us et coutumes) héritée de leurs parents ou ascendants.

Car, ils savent que la vie est dans la Parole ; et que la Parole est la vie. Que la rencontre avec la Parole, produit l'éveil spirituel : la conscience des réalités spirituelles et des arrêtés d'EL ELYON sur l'existence. Et qu'une personne conduite par le Saint-Esprit ne peut demeurer enchaînée spirituellement, d'où leur véritable peur lorsque se lève un homme rempli d'Esprit.

Matthieu 8 : 28-29 *Lorsqu'IL fut à l'autre bord, dans le pays des Gadaréniens, deux démoniaques, sortant des sépulcres, vinrent au-devant de Lui, ils étaient si furieux que personne n'osait passer par là.*

Et voici, ils s'écrièrent : Qu'y a-t-il entre nous et Toi, Fils de Dieu ? Es-Tu venu ici pour nous tourmenter avant le temps ? **Louis Segond.**

La respectabilité dans le monde invisible

Et si on n'en parlait ? Comment on parvenait à se faire respecter par les êtres invisibles ? Le sujet est très actuel.

D'ailleurs si nous nous arrêtons sur ce passage de l'Ecriture nous constatons que ces esprits ne sont pas prêts à se soumettre aux injections de tout le monde. Mais alors comment y parvient-on ? bien avant d'y répondre regardons d'abord le passage.

Actes 19 : 13-15 *Quelques exorcistes juifs ambulants essayèrent d'invoquer sur ceux qui avaient des esprits malins le Nom du Seigneur Jésus, en disant : Je vous conjure par Jésus que Paul prêche !*

Ceux qui faisaient cela étaient sept fils de Scéva, juif, l'un des principaux sacrificateurs.

L'esprit malin leur répondit : Je connais Jésus, et je sais qui est Paul ; mais vous, qui êtes-vous ? **Louis Segond.**

En d'autres termes : qui êtes-vous pour que nous ayons à respecter votre parole, ou injection ? Et c'est là, le problème.

Parabole

On respecte le Président de la République, et parce qu'on l'aime, on n'aimera également Ses enfants. On ne respectera pas Ses fils, on les aimera en fonction de l'amour qu'on porte au Président de la République. Mais, si les fils du Président souhaitent être respectés, il leurs faudra prouver leurs valeurs aux yeux de la société. C'est à cette seule condition, qu'ils s'attireront le respect de toute la population. Auquel des cas, ils seraient considérés comme des plaisantins à qui, on manquerait de respect ; à qui, on désobéirait même publiquement, s'il voulaient profiter de l'honneur de leur Père.

Alors comment acquiert-on spirituellement de la respectabilité ?

L'ordre

Le premier point qui permet d'acquérir de la respectabilité, dans le monde invisible est l'ordre. L'ordre ? Le respect des lois et principes divins dans sa vie et de la hiérarchie établie que ce soit dans le foyer (couple), l'église, la famille ou, au travail. L'ordre est ce premier point. Car un rebelle à la hiérarchie établie, fraie un passage à la puissance des ténèbres qui l'inspire, et qui veut s'établir dans le territoire (institution) visé, ou dans sa vie.

L'ordre (divin) est la volonté de tous, de se soumettre à Dieu ; pour atteindre l'objectif qu'IL nous a fixé, ou Lui plaire ; il repose sur ce que l'on appelle des valeurs : des lignes de conduites qui balisent nos vies, en définissant ce qui est acceptable de ce qui ne l'est pas pour nous. Ces valeurs sont des repères qui nous permettent de décider, dans leur sens à chaque fois que la situation nous impose un choix. Un homme de justice se mettra toujours du côté de la justice ; car, la justice représente la valeur cardinale de sa vie. Un homme d'honneur agira toujours sur la base de cette valeur, car elle est l'essence de son être spirituel. Entendant par essence ce qui fait la particularité de cet être (homme). Ce qui le définit le mieux, et qui fait qu'il soit reconnaissable en tout temps. Il n'en est pas ainsi du méchant, pour qui le respect des valeurs divines est aux antipodes de sa réflexion. Et qui se permet de les violer à chaque fois que l'occasion se présente. Par conséquent, il ne peut être dépositaire de la puissance divine et ne peut, avoir autorité sur les esprits des ténèbres. Ce que souligne for bien Jésus, lorsqu'Il dit :

Matthieu 5 : 19-20 *Celui donc qui supprimera l'un de ces plus petits commandements et qui enseignera aux hommes à faire de même, sera appelé le plus petit dans le Royaume des cieux ; mais celui qui les observera, et qui enseignera à les observer, celui-là sera appelé grand dans le Royaume des cieux.*

Car, Je vous le dis, si votre justice ne surpasse celle des scribes et des pharisiens, vous n'entrerez point dans le Royaume des Cieux. **Louis Segond.**

L'ordre divin est la reconnaissance, dans le monde des esprits de la grandeur d'une âme, ou d'un esprit humain. Car, les valeurs qui soutiennent une telle vie d'ordre, sont au-dessus des besoins qui rythment le quotidien de cette personne. Grace à ces valeurs notre personnalité reste à l'abri des influences extérieures, de la masse. Et la validation des moyens d'obtention d'une quelconque chose, se trouve toujours sécuriser.

Philippiens 2 : 5-9 *Ayez en vous les sentiments qui étaient en Jésus-Christ.*

Lequel, existant en forme de Dieu, n'a point regarder comme une proie à arracher d'être égal avec Dieu.

Mais S'est dépouillé Lui-même, en prenant une forme de serviteur, en devenant semblable aux hommes et ayant paru comme un simple homme.

Il S'est humilié Lui-même, se rendant obéissant jusqu'à la mort, même jusqu'à la mort de la croix.

C'est pourquoi aussi Dieu L'a souverainement élevé, et Lui a donné le Nom qui est au-dessus de tout nom.

Afin qu'au nom de Jésus tout genou fléchisse dans les Cieux, sur la Terre et sous la Terre.

Et que toute langue confesse que Jésus-Christ est Seigneur à la gloire de Dieu le Père. **Louis Segond.**

Cela demande parfois d'être humilié par certaines personnes qui n'en comprennent rien à nos actions, ou décisions. Mais, cela reste le premier et la base, pour acquérir de la respectabilité.

I Pierre 5 : 6 *Humiliez-vous donc sous la puissante main de Dieu, afin qu'IL vous élève au temps convenable.* **Louis Segond.**

Ps : le méchant possède des valeurs : le mal, le vol, la méchanceté…ce qui explique le déversement de puissance des esprits des ténèbres sur cette personne, qui répond à tous les critères qu'ils recherchent. Il (méchant) apparait ainsi, comme un pion pour ces esprits, qui leur est soumit.

La mission

Il est vrai que la mission accorde du pouvoir à la personne qui en reçoit la charge ; à juste titre. Car, la fonction élève à un rang supérieur en dignité spirituellement que physiquement. Cependant, la respectabilité dans ce sens n'est que fonctionnelle ; et donc, limitée.

Acquérir le respect, des tiers (monde invisible ou homme) ne relève pas uniquement de la fonction. Mais d'une autorité croissante. Entendons par autorité dans ce sens, le fait de faire croître un groupe dans un domaine, ou un sens particulier, que ce soit spirituel, financier, matériel... Et d'acquérir de manière volontaire et libre, leur adhésion à vous servir : à servir la cause que vous poursuivez, parce qu'il serait arrivé à constater le résultat de vos actions. Tout en croissant personnellement dans le même sens. On parle alors de légitimité, qui est beaucoup plus significative sur l'engagement des membres ; ou de la respectabilité du monde spirituel. La légalité ne vous assure nullement l'adhésion systématique des membres à votre cause ; peut-être au tout début, pour découvrir qui vous êtes dans le fond. Elle n'est que le cadre mis en place pour préserver les acquis. Vous pouvez commencer inconnu de tous, mais acquérir de la légitimité (l'adhésion du plus grand nombre à votre cause, la reconnaissance du monde invisible), grâce au sérieux et aux résultats que vous aurez acquis.

Les pharisiens avaient bien la légalité dans la tradition et l'enseignement de la Parole de Dieu. Mais pas la légitimité du Peuple. Car, cette légitimité le Peuple l'a donné à Jésus, pour Son exemplarité et les résultats qui suivaient Son Ministère ; entendez par exemplarité aussi, la reconnaissance des esprits des ténèbres à votre fidélité à Dieu dans les diverses épreuves par lesquelles ils vous ont fait passer.

Jean 12 : 10-13, 19 *Les principaux sacrificateurs délibérèrent de faire mourir aussi Lazare.*

Parce que beaucoup de Juifs se retiraient d'eux à cause de lui, et croyaient en Jésus.

Le lendemain, une foule nombreuse de gens venus à la fête ayant entendu dire que Jésus se rendait à Jérusalem,

Prirent des branches de palmiers, et allèrent au-devant de Lui, en criant : Hosanna ! Béni soit Celui qui vient au Nom du Seigneur, le Roi d'Israël !

Les pharisiens se dirent donc les uns aux autres : Vous voyez que vous ne gagnez rien ; voici, le monde est allé après Lui. **Louis Segond**.

II Corinthiens 6 : 3-5 *Quant à nous, nous évitons de choquer qui que ce soit, nous ne voulons placer d'obstacle sur le chemin de personne. il ne faut pas que le ministère apostalique soit exposé à la critique ou tourné en dérision.*

Au contraire, à tous égards et en toutes circonstances, nous nous efforçons de démontrer que nous sommes de vrais serviteurs de Dieu. Nous supportons avec beaucoup de patience les différentes épreuves qui nous assaillent, nous endurons les detresses les plus diverses : les privations, l'angoisse ;

Les coups, la prison, les émeutes, les fatigues, les nuits blanches, les jeûnes...

Nous cherchons à recommander notre ministère par une vie pure, par une connaissance spirituelle de la Vérité, par notre attente patiente de l'heure de Dieu, par la bonté, l'amabilité, par l'esprit de sainteté et une action inspirée par le Saint-Esprit, par un amour sans feinte, ni affection.

Par la proclamation de la Parole de vérité, par la manifestation de la puissance de Dieu. Nous combattons avec les armes offensives et défensives de Sa justice.

Nous sommes honorés ou humiliés, calomniés ou loués, on nous couvre d'opprobre ou on nous porte aux nues. On nous traite d'imposteurs, et cependant nous disons la Vérité.

On nous ignore comme des inconnus, et pourtant on nous connait bien. On dit « ils sont à l'article de la mort » et voici : nous sommes toujours en vie ! on pense : »Voilà des gens que Dieu châtie », et cependant nous ne succombons jamais.

On nous accable de tristesse : nous sommes toujours joyeux. Nous passons pour des mendiants, et pourtant nous enrichissons tant d'autres. Nous avons l'air d'être dénués de tout, alors que le monde entier nous appartient. **Parole Vivante**.

Ce n'est pas tant la souffrance, mais l'attachement au Seigneur Jésus dans lequel, on progresse dans tous types de pressions, d'oppressions sataniques, de tortures. C'est le plaisir que l'on éprouve de Le suivre sur le chemin étroit, dans le but d'accomplir l'objectif, la mission ou la vision divine qui nous a été confié, tout en portant sa croix, qui nous permettent d'acquérir cette respectabilité.

Jean 12 : 27-28 (a) *A présent Je suis angoissé, Mon ceur est en émoi. Que dois-Je faire ? Vais-Je dire : Père épargne-Moi cette heure de souffrance ? Mais c'est précisément pour passer par cette heure-là que Je suis venu !*

*Je dirai : Père, glorifie Ton Nom...***Parole Vivante**.

Car, devant une telle progression en amour, le Diable va user de malice, de cruauté, de perversité, pour s'il était possible vous amener à renier la foi. Et devant l'amour croissant qui vous remplit pour le Seigneur Jésus-Christ, les puissances des ténèbres s'en trouveraient désarmer. Par conséquent, elles vous rendront l'honneur et le respect qui vous est dû. Mais, elle s'acquiert dans le temps et non sur l'immédiat.

Colossiens 2 : 15 *IL a dépouillé les dominations et les autorités, et les a livrées publiquement en spectacle en triomphant d'elles par la croix.* **Louis Segond.**

en triomphant d'elles par la croix ⟶ *en les humiliant par son obéissance et Son amour à suivre la volonté du Père jusqu'au bout et, à supporter les douleurs par lesquelles, IL passait.*

Colossiens 2 : 15 *IL a demasqué et puis désarmé toute autorité, tout Pouvoir de l'enfer, IL a exposé leur faiblesse devant l'univers ; IL les a traînés derrière Son char triomphal après Sa victoire.* **Parole Vivante.**

Philppiens 2 : 8-11 *IL S'est humilié Lui-même, Se rendont obéissant jusqu'à la mort, même jusqu'à la mort de la Croix.*

C'est pourquoi aussi Dieu L'a souverainement élevé, et Lui a donné le Nom qui est au-dessus de tout nom.

Afin qu'au Nom de Jésus tout genou fléchisse dans les Cieux, sur la Terre, et sous la Terre.

Et que toute langue confesse que Jésus-Christ est Seigneur, à la gloire de Dieu le Père. **Louis Segond.**

Cette respectabilité n'entrainera pas le royaume des ténèbres à ne plus vous attaquer, ne vous y trompez pas, ils vous attaqueront toujours. Mais seulement, vos injonctions spirituelles seront suivies plus rapidement par le monde invisible (les saints anges), parce que vous en êtes dignes.

Apocalypse 3 : 4 *... Tu as à Sardes quelques hommes qui n'ont pas souillé leurs vêtements : ils marcheront avec Moi en vêtements blancs, parce qu'ils en sont dignes.* **Louis Segond.**

Jacques 5 :16 (c) *La prière fervente du juste a une grande efficacité.* **Louis Segond.**

Parenthèse : Au cours d'une séance de délivrance, se sont les saints anges qui font respecter l'autorité du Nom de Jésus, suivant ce principe. Avec, une nuance à un seul point, que les anges qui vous accompagnent soit des guerriers.

Corps glorieux

Disons que la légitimité telle qu'expliquer, à savoir : la reconnaissance aussi bien des hommes que du monde invisible, que nous sommes fidèles à Dieu et avons des résultats, malgré les diverses épreuves que le royaumes des ténèbres nous a fait endurer, nous permet au fur et à mesure de s'illuminer toujours de plus en plus. Ce qui fait que l'éclat de nos êtres spirituels les impose une certaine respectabilité. Plus l'éclat spirituel de la personne est intense, plus le monde invisible reconnait en elle, une autorité spirituelle élevée. Par conséquent obéirait à ses injonctions.

Ce qu'il faut comprendre derrière cela, est que chaque action que nous posons, nous permet d'acquérir un capital de richesse spirituelle ou de dette spirituellement. Et plus nous tendons à être parfait comme notre père céleste, plus nous acquérons dans nos vies et celles de notre descendance des richesses nouvelles (la vérité, l'amour, la paix, la grandeur, la noblesse, l'argent, la réussite..), selon évidement que nous aurions laissé suffisament de place au Saint-Esprit pour nous conduire dans cette dimension. Et donc, plus grande sera notre éclat spirituellement.

I Corinthiens 15 : 40-44 *Il y a aussi des corps célestes et des corps terrestres ; mais autre est l'éclat des corps célestes, autre celui des corps terrestres.*

Autre est l'éclat du soleil, autre l'éclat de la lune, et autre l'éclat des étoiles ; même une étoile diffère en éclat d'une autre étoile.

Ainsi en est-il de la résurrection des morts. Le corps est semé corruptible ; il ressuscite incorruptible ;

Il est semé corps animal, il ressuscite corps spirituel. S'il y a un corps animal, il y a aussi un corps spirituel.

C'est pourquoi il est écrit : Le premier homme, Adam, devint une âme vivante. Le dernier Adam est devenu un esprit vivifiant. **Louis Segond.**

La Justice Divine

J'essuie pas mal de critique sur mon livre l'Art du Combat Spirituel III, bien qu'ayant pris soin d'adopter une démarche qui se voulait progressive. Je vais néanmoins corriger, une maladresse de ma part, du fait de n'avoir pas eu à introduire la Justice Divine dans mes précédents livres. Cette compréhension, va nous permettre de voir plus clair.

Et pour ceux pour qui, au-delà de cet éclaircissemnt trouveront néanmoins, le moyen de m'en discréditer, je ne vous en voudrais pas. Je comprendrai tout simplement que vous n'appartenez pas, à cette classe d'oiseau qui vole dans les sphères très élevés (les aigles). Néanmoins, je prie pour vous que notre Seigneur Jésus-Christ vous éclaire et convainc par Sa Lumière (Saint-Esprit).

Alors qu'est-ce que la Justice ?

La Justice est l'action juste, qui réalise le droit. Le droit est le respect de la vie, de ses principes, par conséquent, des intérêts d'autrui. Autrui pouvant être assimilé à un Royaume, un peuple, une entité morale, ou une personne.

La Justice Divine est l'action juste, ordonnée par Dieu qui ne compromet en rien les intérêts du Divin. « La Justice et l'équité sont la base de Ton trône Psaumes 89 :15(a) ». Tes jugements respectent l'existence de toutes choses. Si Tu demandes de pardonner cela ne compromettrait en rien celui qui pardonne et celui qui est pardonné. Et si Tu demandes de détruire, c'est qu'il n'y a rien à en tirer de cette maison, ou personne.

Jérémie 18 : 7-10 *Une fois, Je décrète de déraciner une nation ou un royaume, de le renverser et d'amener sa ruine.*

Mais si cette nation que J'ai menacée cesse de mal agir, je renoncerai à lui envoyer le malheur que J'avais projeté contre elle.

Et si par contre, Je parle de construire et de planter telle nation, ou tel royaume,

Mais que cette nation fait ce que Je considère comme mal, et ne M'écoute pas, Je renoncerai au bien que J'avais parlé de lui faire. **Semeur.**

La question que vous devrez vous poser est de savoir : quand est-ce que je puisse être certain de réaliser la Justice Divine ?

La Justice Divine est exempte de toute méchanceté, ou haine. Elle est pure. Elle ne nous recommande pas dans la Nouvelle Alliance à agresser verbalement, ou physiquement un individu, une tierce personne. Mais, à prononcer un jugement, une position du Père Céleste.

Il y a tant de choses qui n'auraient pas prospérées sur cette Terre, si nous savions prononcer des jugements divins, voulu par Dieu notre Père. Oui, si nous savions, nous élever au niveau des jugements divins.

I Corinthiens 14 : 20 *Frères ne soyez pas des enfants sous le rapport du jugement ; mais pour la malice, soyez enfant, et, à l'égard du jugement, soyez des hommes faits.* **Louis Segond.**

Les conflits armés, les politiques gouvernementales, les dérives morales des sociétés, les fils du Royaume et filles en sont les responsables. Car, ils les tolèrent, ils ne prononcent pas des jugements divins contre ces positions. Sachant que le royaume des ténèbres utilise des hommes et femmes, dans leur pleine conscience qui bâtissent des autels déroulent le tapis rouge à Lucifer, pour qu'ils exercent son autorité et sa domination sur Terre. Que font les fils du Royaume, ils sont tétanisés par les problèmes, oubliant qu'ils ont reçu le pouvoir. Et ils justifient leur position en disant, que Jésus l'avait prédit. Ce qui est totalement vrai, mais en attendant l'enlèvement, nous sommes le sel et la lumière de ce monde. Ce que nous ne tolérons pas, le Ciel ne le toléra pas également. Ce que nous tolèrerons le Ciel également, le tolèrera.

Matthieu 16 : 19 *Je te donnerai les clefs du Royaume des Cieux : ce que tu interdiras ou permettras ici-bas, sera sanctionnée par l'Autorité Divine.* **Parole Vivante**.

Oui, et si nos bouches restent fermer malheureusement, le Ciel considèrera cela comme, un acquiescement a la situation de notre part. en tant qu'autorité spirituelle, je porte l'épée, pour exercer la justice Divine.

Parenthèse :

Ce que je vous concède est de n'avoir pas mis les garde-fou, sur quelque chose que je vais vite faire d'apporter.

Nous irons du principe, que toute vérité matérielle possède sa représentation spirituelle. De ce principe nous admettons que si, des juges dans la chair existent, des juges dans l'esprit également existent. Les uns s'intéressant aux choses d'ordre matériel, et les autres s'intéressant aux choses d'ordre spirituel.

Bien que ces deux ensembles appartiennent, a des groupes de sociétés formées de plusieurs membres, ou individus, tous les individus de ces deux ensembles ne possèdent pas la science et la hauteur d'esprit impartiale nécessaire pour exercer des jugements, fussent-ils Divin, ou matériel. Devant des litiges c'est au jugement du juge que l'on fait appel ; afin d'établir un ordre dans la cité.

Nous ne refuserons pas, la capacité que possède le citoyen lambda d'exercer également des jugements sur des évènements touchant son quotidien. Mais, nous l'aurons compris, ces jugements concernent des évènements mineurs, ou se rattachant entièrement à un domaine de sa vie qui n'engage pas la cité entière.

Dans l'exposé de jugement que nous avons partagé, il était plutôt question de résoudre un problème devenu un souci, dans les esprits des saints. Et c'est à la Lumière du Saint-Esprit que ces livres ont été écrit.

Toutefois, je précise qu'en ce qui concerne les mondes occultes. Ces batailles ou combats ne sont pas le panache des nouveaux convertis, mais des pères spirituels.

ENTENDRE LA VOIX DE DIEU

Je vais rentrer dans des choses profondes, contrairement à l'enseignement donné dans … où, j'avais cité les différentes voies par lesquelles Dieu nous parle par le Saint-Esprit. Cette fois-ci, il sera question d'enseigner par révélation. Car,

I Corinthiens 14 : 6 « *...De quelle utilité vous serai-je, ... Si je ne vous parlais pas par révélation...* » **Louis Segond**.

Car, je reste persuadé que si je devais vous parler par connaissance, ou par doctrine cela n'aurait pas l'effet escompté. Car, la plupart d'entre nous sommes à l'école de la connaissance et de la doctrine.

II Corinthiens 3 : 6 « *IL nous a rendus capables d'être ministres d'une nouvelle alliance, non de la lettre, mais de l'esprit : car la lettre tue, mais l'esprit vivifie.* » **Louis Segond**.

Toutefois, au-delà des révélations nous pourrons les vérifier par les Saintes Ecritures.

Ephésiens 3 :3 « *C'est par révélation que j'ai eu connaissance du mystère sur lequel je viens d'écrire en peu* de mots. » **Louis Segond**.

Galates 1 : 12 « *Car je ne l'ai reçu ni appris d'un homme, mais par une révélation de Jésus-Christ* » **Louis Segond**.

L'un des problèmes majeurs du Corps de Christ, est celui de reconnaitre Sa voix. S'il existe plusieurs moyens usuels par lesquels le Saint-Esprit nous parle, ou nous communique la pensée du Dieu Très Haut, nous voulons explorer particulièrement celui de la pensée, pour en dégager les lumières. Des lumières qui associées au don du discernement des esprits, sera alors plus aisé pour nous de marcher de manière étroite avec notre Dieu et notre Seigneur Jésus-Christ.

Car, la pensée reste un domaine riche en révélation, pour nous éclairer sur plusieurs points. Lorsque nous en comprendrons ses rouages. C'est ce sur quoi nous allons tenter de partager quelques lumières, à la gloire de Dieu notre Père et de notre Seigneur Jésus-Christ.

LA PENSEE

Qu'est-ce qu'une pensée ?

La pensée est le premier moyen de communication avec le monde invisible. [Je rappelle, que je ne parle pas, par connaissance, mais par révélation et expérimentation de ce que je vous écris]. Dire que je pense signifie que : je dialogue avec des êtres invisibles. Une pensée est donc, un dialogue que nous avons avec le monde invisible. Un échange sur un domaine bien particulier. Lorsque nous avons ce dialogue, le monde invisible sinon spirituel nous oriente, sur ce qu'il convient de faire pour atteindre un certain résultat.

Lorsque nous pensons, nous sommes en communication avec le monde invisible. Et ce monde invisible, tente de nous persuader, de nous convaincre et certaines fois de nous imposer des choses à faire. Nous sommes dans la mystique. Une personne pourrait être seul sur une route et se mettre à converser, comme étant entouré ou accompagné d'autres personnes ; choses qui paraitrait étrange aux uns et sur le plan de la mystique, révélateur de plusieurs points. Ce sont ses différents points sur lesquels nous voulons mettre la lumière.

- La pensée renseigne sur le type d'esprit qui gravite autour de nous (esprit humain, démons ou anges) ;
- La pensée nous renseigne sur les buts visés par ces esprits ;
- La pensée nous renseigne sur le types de liens que nous entretenons avec ces esprits (si nous sommes en pacte inconscient avec eux, si nous avons été sacrifié à ces esprits, s'ils tentent de nous séduire, dans ce cas, cela se ferait par des tentations) ;

C'est un enseignement, o combien important, que nous voulons dans la profondeur, explorer. Tant de fois nous souhaitons souvent valider des révélations par des songes etc… oubliant avec intelligence d'exploiter, les renseignements que nous transmettent nos pensées. Sans plus tarder, progressons dans la grâce.

La pensée nous renseigne sur le type d'esprit

Lorsque je pense, une inspiration me traverse l'esprit ; une inspiration qui tente à me conduire à faire quelque chose de précis. Cette inspiration que je reçois en mon esprit est affectée (est fonction de la) de la nature propre de l'esprit qui l'inspire : son essence, ce qui le remplit, le constitue, sa fonction, son rôle dans la hiérarchie des esprits.

Une peur qui vous traverse l'être entier alors que vous parcourez un endroit désert ou obscur, ou encore un lieu quelconque, témoigne de la présence d'esprits de mort dans ces lieux. Car, l'essence même de cet esprit que je vais appeler aura (onction) n'est propre qu'a cette catégorie d'esprit. Comprenons par onction, ou aura le parfum que dégage cet esprit lorsqu'il s'approche de vous. Nous parlerons d'esprit de séduction, ou d'impudicité, lorsque la présence de cet esprit (son parfum) réveille tous vos sens sexuels. Dans ce cas de figure, il ne sera pas question de peur, mais de forte envie sexuelle. Car, la nature de l'esprit et le parfum qui se dégage de sa présence, laisse entrevoir ce type d'atmosphère de débauche. Une pensée d'accident laisse entrevoir, autour de vous la présence d'un esprit de mort prématurée. Une pensée vous induisant à traverser la route de manière précipitée sans avoir eu le temps de calculer correctement la distance vous séparant du véhicule le plus proche laisse entrevoir, sinon, confirme la présence d'un esprit de mort tentant à vous conduire dans l'au-delà.

L'essence même de l'esprit peut nous renseigner, sinon nous renseigne également. Un exemple des plus courants serait de passer près d'une fille pour un homme et de voir ses hormones à leur pic le plus élevé et son organe génital en érection, et la tête être tenté à faire un demi-tour, pour mieux la contempler avec un désir de la connaitre sexuellement est une œuvre des esprits de séduction, dans la vie de cette femme et parfois même aussi, dans la vie de l'homme en question. Cette pensée de connaitre la personne sexuellement, ne peut provenir dans le cas de figure que nous venons de citer que d'un esprit des eaux (pour ceux qui sont en Afrique). Car, dans le monde des esprits, il n'est pas possible qu'un esprit de moquerie puisse être capable de réaliser ce qu'un esprit de mort soit capable de faire : leur caractéristique intrinsèque ne leur permet pas cela. Tout comme, les caractéristiques intrinsèques du manguier et du bananier, ne permettent ni à l'un ni à l'autre de porter respectivement pour le manguier des bananes et pour le bananier des mangues ; quoique tous deux soient des arbres.

Un siège d'esprits d'essence particulière (démons), autour de vous confirme (renseigne) un lien, au travers d'un pacte. Remarquez la présence quotidienne de pensée, se tournant dans un sens (sexualité, suicide etc…) révèle un pacte inconscient de votre part, ou un sacrifice de votre vie par une tierce personne. Ce qui explique que la chose demeure autour de vous : oppressions, et saturation de vos pensées par le mal.

Car, si nous faisons attention au dessin qui suit, nous comprenons hormis l'usage d'appareils tels que les téléphones, ou webcam d'ordinateur, qu'il n'est pas possible de répondre à une personne qui ne se trouverait pas proche de nous (d'entretenir un dialogue avec elle). Tout dialogue suppose, la présence à nos côtés d'un interlocuteur. C'est ce pourquoi, nous pouvons échanger avec l'assurance, sinon la certitude que nous ne serions pas dans un monologue.

Lorsque nous nous défendant dans la pensée, cela traduit la présence d'un être qui nous accuse ; d'un être invisible qui nous accuse. Lorsque nous sommes incités à faire une chose cela traduit, les désirs de l'esprit qui rôde autour de nous.

Genèse 4 : 6-7 « *Et l'Eternel dit à Caïn : Pourquoi es-tu irrité et pourquoi ton visage est-il abattu ?*

Certainement, si tu agis bien, tu relèveras ton visage, et si tu agis mal, le péché se couche à la porte, et ses désirs se portent vers toi : mais toi, domine sur lui. » **Louis Segond.**

Le péché se couche à la porte ➡ *Le diable se couche à la porte de ton cœur.*

Lorsque nous sommes confus dans nos pensées, cela traduit la présence d'un esprit de confusion autour de nous. Car, la confusion est son essence, sa caractéristique intrinsèque.

Lorsque nous sommes remplis de pensées d'échec, de stagnation ou d'éternel recommencement cela traduit la présence autour de nous d'un esprit d'échec ayant pour mission de nous faire sombrer dans le non aboutissement de nos projet ou vision.

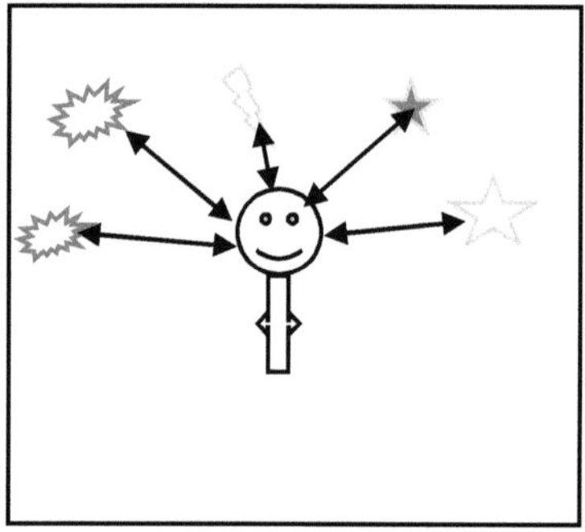

Une pensée de prière vous renseigne sur la présence des anges autour de vous, devant recueillir vos requêtes pour les faires montés vers le Père céleste. Une pensée vous conduisant à élever le Très-Haut par des cantiques de louanges et adorations laisse entrevoir que le Conseil du Très Haut siège sur vos cas, ou vous visite et que vous devez accueillir Sa Présence, par des cantiques qui élève le grand Dieu qu'IL est. Une pensée qui vous remplit régulièrement sur la grandeur et l'immensité du Très-Haut cache en elle, le plan qu'IL poursuit au travers de votre vie : Celui qu'IL soit élevé à cette dimension et celui par lequel, il fera de même pour votre vie. Une pensée vous tournant vers le combat spirituel, traduit la présence des anges de combat autour de vous, pour vous libérer ou vous délivrer.

La pensée est un reflet, sinon un miroir de l'atmosphère spirituelle autour de vous sinon du lien dans lequel vous vous trouvez. Très important ce que je dis. Les pensées ne sont pas à négligées pour un homme spirituel ou d'alliance. Il se peut que pour vous induire en erreur de ce que vous aurez compris la nécessité de veiller sur vos pensées, que le diable puisse charger vos pensées, en des accusations envers plusieurs personnes voire des innocents. Certes le don du discernement doit rentrer en action dans ce cas de figure ; mais, il existe des techniques dans le combat spirituel, qui permettent d'éviter ces pièges. Nous avons déjà eu à écrire trois livre du même auteur sur l'Art du Combat spirituel I,II,III.

Mais une formule que je vous propose serait la suivante :

La voix qui résonne ou parle dans ma pensée avec moi, est atteinte par la méchanceté qu'elle souhaitait accomplir sur ma vie si c'est un esprit humain. Dans le cas, d'un démon il ira accomplir les arrêtés de ses maîtres dans leurs vies dans le Nom de Jésus. C'est un décret. (**Parole d'autorité**).

Est-ce ma pensée, toutes ces choses bizarres qui me traversent l'esprit ?

Dans le sens de la question, nous dirons **Oui** et **Non** à la fois.

Pourquoi cette contradiction ?

Nous disons, Oui car, cela se passe uniquement en vous. Ce dialogue que vous entretenez avec le monde invisible est votre exclusivité et n'est pas le partage de quelqu'un d'autre.

Nous disons Non, car, cela ne devient votre que dès lors vous tombez d'accord d'accomplir les directives que vous transmet cet esprit au travers de vos pensées.

Matthieu 5 : 27-28 *« vous avez appris qu'il a été dit : « Tu ne commettras pas d'adultère »*

Eh bien, Moi Je vous dis ; si quelqu'un jette sur une femme un regard chargé de désir, il a déjà commis adultère avec elle dans son cœur. » **Bible Semeur**.

Pourquoi a-t-il déjà commis l'adultère ? Parce que, il est tombé d'accord avec l'esprit qui le lui a inspiré de le faire. Il l'est, à cause, de son union par la pensée, à l'esprit qui le lui inspire. Nous étions pécheur par l'union aux pensées que nous inspiraient les esprits impurs (démons). Et nous partagions leur nature pécheresse, leur essence par la pensée. Nous sommes devenus des saints par notre pensée, par l'union avec la voix du Saint-Esprit qui nous a convaincu de notre péché (nature), du jugement de Dieu devant le péché (cette nature) et de justice, le moyen pour nous de changer de nature et fuir la condamnation de la nature pécheresse.

Romains 10 :10 *Car c'est en croyant du cœur qu'on parvient à la justice »* **Louis Segond**.

C'est en acceptant, la pensée au-dedans de nous, que Jésus est mort et ressuscité pour nous donner la vie, que Dieu le Père pardonne nos péchés et change notre nature pécheresse, en nous donnant la sienne par la présence du Saint-Esprit.

Cette voie de fait repose sur un décret céleste, que le salut serait accessible que de cette manière. Ce qui diffère pour le cas de dialogue avec des démons qui lui doit découler d'un engagement personnel et volontaire.

Ces quelques cas qui se veulent pédagogiques, devraient nous amener à comprendre les mouvements du monde invisible autour de nous.

Hébreux 12 : 1 « Nous aussi, puisque nous sommes environnés d'une si grande nuée de témoins, rejetons tout fardeau, et le péché qui nous enveloppe si facilement… » **Louis Segond**.

La pensée nous renseigne sur les buts visés par ces esprits

Lorsque nous comprenons ce qui précède, il devient alors plus aisé, de comprendre les buts visés par les différents esprits qui peuvent nous entourer. Supposons que nous soyons sur un chemin en train de marcher dans une direction particulière. Pendant votre parcours vous recevez des inspirations (des lumières). Par ces lumières ou inspirations, vous comprenez que Dieu vous parle vous instruits sur un sujet. Car, vous vous trouvez en présence d'une personne, d'un être spirituel que vous ne voyez certes pas. Mais, qui vous parle comme un professeur devant des étudiants dans un amphithéâtre. Le fait que cela coule en vous comme un fleuve, vous invite à vous asseoir quelque part, avec un stylo pour commencer à les noter. Peut-être même à songer à l'écriture d'un livre traitant sur ce sujet particulier.

La pensée nous renseigne sur les buts visés par les esprits autour de nous, l'intelligence nous permet de savoir que faire de ces informations.

Supposons une personne qui soit soumise quotidiennement à des pensées d'échecs. Cette alimentation constante de ses pensées, par des rappels des échecs passés vise un but : pas le découragement ; mais l'abandon d'un projet, ou d'une destinée.

Ces rappels des échecs passés, par les esprits impurs qui nous entourent vise comme but l'abandon du projet, ou de la destinée prophétique que nous poursuivons en Jésus.

Montrons-nous intelligent :

Supposons que nous soyons traversés par une pensée, telle que :

- Je ne réussis aucun projet que je monte ;

Et que je me mette à répondre :

- C'est vrai !

Et par la suite, à m'apitoyer sur mon sort. Cet esprit m'aura dans ce cas de figure eu. Cela correspondrait alors, a une stagnation de la situation.

Reprenons le même cas de figure, avec une réponse autre ; après avoir eu à exploiter les informations que me transmette cette pensée.

- Je ne réussis aucun projet que je monte, ma vie est dans la stagnation ;

Exploitons cette pensée :

Remarquons la subtilité de l'esprit démoniaque, qui en parlant à votre oreille, vous fait croire que vous êtes l'auteur de cette pensée. Son essence (ce qu'il est) vous affaibli. Petite révélation, en vous touchant l'esprit vous partage, et fait transiter sa nature sur votre être entier. C'est cette nature qui va influencer, toutes vos décisions. C'est comme se greffer sur votre être. La paresse, la lourdeur spirituelle est un esprit qui choisit de s'assoir sur votre esprit, au moment, ou vous choisirez de faire quelque chose d'important. Une tonne sur un sujet de 200 kg, le garde nécessairement allonger. Ce contexte d'explication, reste préalable pour une bonne représentation de l'aspect spirituel et une bonne compréhension de la situation.

Nous acceptons tous, au niveau de foi qu'est le nôtre que les principes restent inchangés aussi bien pour les fils du Royaume des Cieux, que des païens ; que ce qui est vrai concernant les saints anges, le sont également concernant les esprits des ténèbres a quelques exceptions près. Mais, restons sur ce qui est inchangé.

Daniel 10 : 7-10 *Moi Daniel, je vis seul la vision, et les hommes qui étaient avec moi ne la virent point, mais ils furent saisis d'une grande frayeur, et ils prirent la fuite pour se cacher.*

*Je restai seul, et je vis cette grande vision ; **les forces me manquèrent, mon visage changea de couleur et fut décomposé, et je perdis toute vigueur.***

J'entendis le son de ses paroles ; et comme j'entendais le son de ses paroles, je tombai frapper d'étourdissement, la face contre terre.

*Et voici, **une main me toucha [transfert des éléments de sa nature, pour le refaire revivre]**, et secoua mes genoux et mes mains.*

Puis il me dit : Daniel, homme bien-aimé, sois attentif aux paroles que je vais te dire, et tiens-toi debout à la place ou tu es ; car je suis maintenant envoyé vers toi. Lorsqu'il m'eut ainsi parlé, je me tins debout en tremblant. **Louis Segond.**

L'ange toucha Daniel et lui communiqua, les éléments de sa nature pour le faire revivre.

Revenons à notre cas, de figure.

Ayant compris que vous ne progresserez pas, et que tout est mise en place par le royaume des ténèbres pour que vous stagnez ou régressez, vous pourrez choisir selon évidemment, le but que vous poursuivez des sanctions et selon la gravité que vous jugez de la situation.

Dans le Nom de Jésus, je t'ordonne toi esprit des ténèbres qui me l'a fait savoir d'aller accomplir cette mission en lieu et place de ma personne, sur la vie de la bouche qui l'a prononcée ; c'est un décret sur la vie de cette personne.

Ce n'est qu'un exemple que vous pourrez exploiter selon, votre niveau d'intelligence ou de combat spirituel.

Des deux cas de figures, les réactions et l'exploitation de la pensée pour le même cas de figure a été totalement différent.

Donc, si nous prêtons attention à nos pensées nous pourrons souvent avoir de très bonnes orientations, par une analyse sous la lumière du Saint-Esprit.

Ces quelques cas se veulent pédagogique ; le principe étant de pousser la réflexion non sur les paroles prononcées par une tierce, mais, sur l'analyse minutieuse des buts qui y sont visés, derrière ces paroles ; ce qui nous permettra de faire des choix qui soient fondés sur des réalités effectives du monde spirituel.

La pensée nous renseigne sur le types de liens que nous entretenons avec ces esprits

Pour nous permettre de comprendre cette partie, nous étudierons principalement trois expression couramment employées par, tous ceux qui sont soumis aux réalités du combat spirituel, à savoir :

- Tentation ;
- Oppression ;
- Réclamation ;

La tentation :

Est la preuve que le Prince de ce monde n'a rien de lui, en vous ; c'est-à-dire aucune attache qu'il pourrait revendiquer. Sachant cela, il use de stratégie comment trouver une attache dans votre vie ; une situation qui pourrait être à son avantage, en tentant de déceler une faiblesse potentielle en vous qu'il tenterait d'exploiter. Evidemment, étant devenu une nouvelle création, les choses anciennes sont passées pour vous **cf 2 Corinthiens 5 :17**. De ce fait, pour à nouveau vous contrôler il se doit de trouver des points d'ancrages en vous, qui favoriseraient cela.

Ainsi, être exposé a de simple tentation vous permet de savoir avec assurance que l'ennemi n'a aucune prise sur vous. Et que vous êtes sur le Chemin (dans la foi en Jésus-Christ).

L'oppression :

Résulte d'un pacte par lequel, vous aurez été trompé. C'est-à-dire, un pacte que vous aurez contracté inconsciemment. Ou d'un pacte qui pourrait résulter d'une ruse de celui ou, celle qui l'a réalisée.

Si nous utilisons dans ce cas de figure ce mot, c'est pour signifier que l'esprit des ténèbres qui oppresserait vos pensées, le ferait du fait qu'il verrait et saurait que vous êtes innocent. Mais, ayant vu une opportunité de vous éliminer, il tentera de toutes ses forces à saturer vos pensées par des incitations à réaliser des choses vils, qui serait lorsqu'elles seraient réalisées des autels et des acceptations de collaboration avec lui, et qui vous détruirait une bonne fois pour toute. Ou tout simplement, il vous refusera la paix du cœur, en saturant vos pensées de culpabilité pour vous pousser au suicide.

On peut voir à l'œuvre ces esprits dans le cas de figure, de Judas Iscariot.

Matthieu 27 : 3-5 *Alors Judas, qui L'avait livré, voyant qu'IL était condamné, se repentit, et rapporta les trente pièces d'argent aux principaux sacrificateurs et aux anciens,*

En disant : J'ai péché, en livrant le sang innocent, ils répondirent : Que nous importe ? cela te regarde.

Judas jeta les pièces d'argent dans le temple, se retira et alla se pendre. **Louis Segond**.

La réclamation :

Comme on peut la comprendre, suppose deux cas de figures :

Le premier, que vous ayez consciemment ou inconsciemment, adhérer à une secte. Dans ce cas de figure, elle exige que vous donniez la part qui doit être la vôtre et dans le temps qui vous a été imparti ;

Le deuxième, que vous ayez été sacrifiée ou vendu spirituellement. Dans ce cas de figure, vous aurez toujours des présences étranges de sensations d'esprits ténébreux autour de vous. Le plus souvent, les personnes confrontées à cela, n'osent même plus habiter certaines maisons ; ou encore, peuvent sembler devenir folles pour, les hommes ordinaires, lorsque ces personnes prétexteraient voir des esprits.

Elle devient réellement réclamation, lorsque le temps a été largement dépassée. Elle peut se traduire, le plus souvent par la présence d'esprit de mort, des catastrophes de tout genre dans notre vie (décès de proches, chute de patrimoine etc…).

Job 1 : 13-19 *Un jour que les fils et les filles de Job mangeaient et buvaient du vin dans la maison de leur frère aînée,*

Il arriva auprès de Job un messager qui dit : les bœufs labouraient et les ânesses passaient à côté d'eux ;

Des Sabéens se sont jetés dessus, les ont enlevés, et ont passé les serviteurs au fil de l'épée. Et je me suis échappé moi seul, pour t'en apporter la nouvelle.

Il parlait encore, lorsqu'un autre vint et dit : le feu de Dieu est tombé du ciel, a embrasé les brebis et les serviteurs, et les a consumés. Et je me suis échappé moi seul, pour t'en apporter la nouvelle.

Il parlait encore, lorsqu'un autre vint et dit : des chaldéens, formés en trois bandes, se sont jetés sur les chameaux, les ont enlevés, et ont passé les serviteurs au fil de l'épée. Et je me suis échappé moi seul, pour t'en apporter la nouvelle.

Il parlait encore, lorsqu'un autre vint et dit : Tes fils et tes filles mangeaient et buvaient du vin dans la maison de leur frère aîné ;

Et voici, un grand vent est venu de l'autre côté du désert, et a frappé contre les quatre coins de la maison ; elle s'est écroulée sur les jeunes gens, et ils sont morts. Et je me suis échappé moi seul, pour t'en apporter la nouvelle. **Louis Segond.**

Hormis, le cas de figure de Pierre ou, des apôtres, qui lui reposait sur la volonté du Diable de les torturer, pour les décourager à suivre la mission divine ; tout ceci, bien après avoir eu l'autorisation de la part de Dieu, le reste des cas demeure les pactes inconscients ou, les accords des hommes contre vous, avec le monde des ténèbres.

Mais, soyons tous réalistes, le cas de Job et des apôtres, représentent l'exception ; par cela entendez, le cas de figure qui concerne uniquement les personnes de grandes destinées ; les autres les auront proportionnellement à leur destinée ; c'est-à-dire la part que le Seigneur Jésus-Christ les accorde dans Son Champ.

Luc 22 : 31 *Le Seigneur dit : Simon, Simon, Satan vous a réclamés, pour vous cribler comme le froment.*

Mais J'ai prié pour toi, afin que ta foi ne défaille point ; et toi, quand tu seras converti, affermis tes frères. **Louis Segond.**

La réelle différence entre les esprits d'oppression et ceux de réclamations est que : les esprits d'oppressions tentent de vous pousser vous-même a la faute et, à légitimer leur action. Tandis que, les esprits de réclamations ne sont que des exécutant qui n'accomplissent que leur tâche : celle de vous éliminer. Dieu soit loué cela ne leur a pas été donné !

Mais, nous devons savoir ces faits : en réalité, les réclamations supposent pour les personnes confrontées qu'elles possèdent de grandes destinées. Et de très brillantes étoiles ; ces vérités conduisent le royaume des ténèbres à utiliser ces esprits humains, par conséquent, ces âmes, comme des offrandes ou des sacrifices pour la résolution des crises mondiales, tant financières, que sanitaire a l'instar du corona virus (covid-19). Ou encore, à perpétuer la croissance économique des entreprises, ou à la stabilité de certains Etats. Il existe un très grand marché dans le monde spirituel comparable au marché à viande et poisson que nous avons dans nos pays, le Seigneur m'en a fait la grâce de le découvrir ; mais en tant que victime. Bon, la n'est pas le sujet.

Pour revenir à notre sujet, la résolution de crise quelconque, excepter le fait que les gouvernants soient du Royaume des Cieux, ou ont appris à se confier à Dieu ne se fait que par ce seul moyen. La production intellectuelle (grande théorie) a la résolution de ces crises, n'est que le fait de l'accord résultant de ces sacrifices, a ces esprits.

Ne vous y trompez guère, le principe suit ce raisonnement selon que je l'ai écrit. Ce qui est vrai pour le Royaume des Cieux (principes), l'est également pour le royaume des ténèbres. C'est ce que dit le Seigneur à Moise, dans :

Exode 25 : 9,40 *vous ferez le tabernacle et tous ses ustensiles d'après le modèle que Je vais te montrer.*

Regarde, et fais d'après le modèle qui t'est montré sur la montagne. **Louis Segond.**

La littérature c'est bien, mais que propose-t-on pour la résolution de ce fait ?

Le pedigree des esprits et âmes derrière, la situation de … que je vis sont pris dans ce dans quoi, ce pédigrée m'a introduit ; seul moyen pour eux de s'en sortir serait qu'il existe une autorité spirituelle supérieure à Jésus dans le royaume des ténèbres.

La situation de … ⟶ Exemple serpent, esprit de mort…

Les esprits humains et ténébreux lancés contre moi, du fait de réclamation au sujet de … sont enchaines et coller entre eux, seul moyen de se défaire de ce jugement serait que dans le royaume des ténèbres il y ait une autorité supérieure a Jésus-Christ.

Les personnes qui sont responsables de … et celles qui gardent ces autels sont pris en remplacement de ma personne, sur ces pactes, autels etc… Personne ne pourra modifier cette parole excepté si dans le royaume des ténèbres il y a une autorité plus grande que Jésus. **Parole d'autorité.**

Les personnes depuis ma naissance, jusqu'à … ayant participée à tous ces malheurs spirituels que je vis ; et qui ne se sont pas repenties jusqu'à lors, sont prises en lieu et place de ma personne, dans ce dans quoi, elles ont eu à m'introduire ; c'est une loi et un décret par l'autorité du Nom de Jésus.

Le monde occulte derrière le combat que je mène, face à ses faux serviteurs de Dieu ; l'ensemble des individus appartenant à ce monde : esprit, nature et grade, et âmes sont soumis à des douleurs supérieures à leur puissance respective, par l'autorité du Nom de Jésus. C'est un décret écrit sur leur sang et leurs essence respective.

On a fini par trouver une solution à notre problème, sympa. ☺

LA MENTALITE DE CONQUERANT

Il est important de brosser un léger détour sur cette partie, afin de comprendre certaines choses, sous un regard ou angle différent peut-être du notre. L'objectif étant simplement au travers, de certaines définitions de pouvoir comprendre de quoi nous parlons. Et nous aider dans notre marche avec Dieu.

Lorsque nous parlons de mentalité, nous faisons allusion au produit de nos expériences ; le résultat de notre vécu, qui nous a permis de nous forger une personnalité. Marcher avec Dieu, suppose une mentalité très forte. Une mentalité faible ne peut entrer dans les promesses.

Pourquoi ?

Car, une autre définition de la mentalité peut être, l'ensemble des conclusions qu'un homme a eu à tirer de son étude, de la vie en société. Et qu'il a cultiver pendant de longues années, comme conduite à tenir. Ce qui fait que sa croyance des possibilités qu'offre la Vie, se trouve obscurcit par l'ensemble négative des conclusions qu'elle (personne) s'est fixée comme repère de toutes ses actions ; du moins pour les personnes négatives.

La mentalité négative serait de croire qu'une période de difficulté, ne pourra jamais changée. De croire que les conclusions négatives qu'un quotidien propose, régissent l'Univers. Une personne se verrait croire que la situation politique de son pays ne changera pas ; du fait d'un régime politique établit depuis plus d'un demi-siècle, agissant avec les méthodes les plus contrastées, autoritaires... ou encore que son mari, ou sa femme ne pourrait changer même dans le temps, du fait des clichés et des actions imprégnées dans sa mémoire, de sa méchanceté, ou de ses maladresses. Mais, l'Univers entier est régi par la Parole de Dieu.

II Rois 7 : 1-2 *Elisée dit : Ecoutez la parole de l'Eternel ! ainsi parle l'Eternel : Demain, à cette heure, on aura une mesure de fleur de farine pour un sicle et deux mesures d'orge pour un sicle, à la porte de Samarie.*

L'officier sur la main duquel s'appuyait le roi répondit à l'homme de Dieu : Quand l'Eternel ferait des fenêtres au ciel, pareille chose arriverait-elle ? et Elisée dit : Tu le verras de tes yeux ; mais tu n'en mangeras point. **Louis Segond**.

Non, nous devons intégrer ; cela doit être une mentalité : l'Univers entier est régit uniquement, par la Parole de Dieu.

Et cela vous devez l'intégrer en vous, en dépit de vos problèmes. Vous devez changer de mentalité, pour entrer dans les promesses divines. Vous devez accepter en vous que le règne **d'EL Elyon** domine sur tout autre chose, et qu'IL le donne à qui IL veut. Et qu'IL a choisi de vous le donner. Changez vos mentalités reviendrait à ce passage de l'Ecriture de :

Romains 4 : 16-22 *par conséquent, les bénédictions de Dieu dépendent d'un acte de foi, afin que l'héritage soit un don gratuit de la grâce divine. Ainsi seulement, il est accessible et garantit à toute la descendance d'Abraham, non seulement à sa lignée selon la Loi, mais encore à tous ceux qui ont la même foi que notre père commun.*

N'est-il pas écrit : Je t'ai établi père d'une multitude de peuples ? il est notre père a tous, et comment l'est-il devenu ? parce qu'il a fait confiance à Dieu qui donne la vie aux morts et fait sortir l'être du néant.

*Là ou **toute espérance paraissait insensée**, il a espéré et s'est cramponné avec foi a cette promesse : Nombreuse sera ta descendance. Ainsi il est devenu le père d'une multitude de peuples.*

*Naturellement, il savait qu'étant presque centenaire, son corps n'avait plus le pouvoir de procréer ; il savait aussi que Sara n'était plus en état d'avoir des enfants. **Mais toutes ces considérations ne l'ont pas fait vaciller dans sa foi.***

*S'appuyant sur la promesse divine, il ne succomba pas au doute. Puisant sa force dans la foi, **il fit honneur à Dieu**, étant pleinement persuadé que Dieu est capable de tenir parole et d'accomplir ce qu'IL a promis.* **Parole Vivante**.

Galates 3 : 6-7 *voyez Abraham ! Son expérience a été identique à la vôtre : il a fait confiance à Dieu et a pris Ses paroles au sérieux, c'est pourquoi il fut en règle avec Dieu : son acte de confiance lui a valu d'être considéré comme juste.*

Ainsi, seuls ceux qui placent toute leur confiance en Dieu sont les vrais fils d'Abraham. **Parole Vivante**.

Ceux ⟶ *ceux qui ont appris à cultiver une mentalité de plus que vainqueurs. Et qui osent relever les défis de leur présent, sans pour autant rester prisonnier des évènements négatifs de leur passé.*

Il n'y a que cette catégorie de personne qui plaise à Dieu, et avec laquelle il Lui est possible d'accomplir Son plan, sans crainte aucune. Cf Daniel 3 : 9-29.

EN MARCHE VERS UNE ALLIANCE AVEC DIEU

Quelle autre définition donnerai-je de Dieu ?

<u>Dieu est le Créateur de toutes choses</u>, IL a pouvoir de vie et de mort. C'est Celui qui a autorité sur tous les domaines de votre existence, tant spirituel, que social et physique. Et par reconnaissance de la place qu'IL occupe dans votre devenir, vous Lui offrez, le meilleur de vous : votre cœur, votre dévotion, vos biens quels qu'ils soient.

Que comprendre de cette définition ?

Ce qu'il faudrait comprendre de cette définition est qu':

Ephésiens 4 : 5-6 *il y a un seul Seigneur, une seule foi, un seul baptême.*

<u>*Un seul Dieu et Père de tous*</u>*, qui est au-dessus de tous, et parmi tous, et en tous.* **Louis Segond.**

Et par conséquent, c'est un privilège que le Seul et Unique Vrai Dieu, prenne le soin de vous appeler à Lui.

Le cœur

Parlons à présent du cœur. Il faut savoir une chose qu'au-delà de la prédestination, selon qu'il est écrit dans le livre de

Romains 8 : 29-30 « *... Ceux que Dieu a connus d'avance, IL les a aussi destinés d'avance à devenir conformes à l'image de Son Fils, afin que Celui-ci soit l'Aîné de nombreux frères.*

Ceux qu'IL a ainsi destinés, IL les a aussi appelés à Lui ; ceux qu'IL a ainsi appelés, IL les a aussi déclarés justes, et ceux qu'IL a déclarés justes, IL les a aussi conduits à la gloire. » **Bible Semeur.**

La signature d'une Alliance avec Dieu, repose dans un premier temps sur la souveraineté de Dieu ; puis dans un second sur le cœur de la personne. Quoique, la volonté première du Père soit de vous positionner sur cette sphère d'influence. Elle ne sera faite et possible que selon, la simplicité de votre cœur ; et l'amour que vous Lui portez.

I Samuel 16 : 7 (b) « *Je ne juge pas de la même manière que les hommes. L'homme ne voit que ce qui frappe les yeux, mais l'Eternel regarde au cœur* » **Bible Semeur.**

Evidemment, il est question d'un partenariat entre le Ciel et vous, d'une collaboration visant à établir un Règne, un Royaume sur la Terre dans le domaine pour lequel, vous avez été prédestiné. Et le cœur reste ce lieu incontournable de prise de décision importante, dans la vie (existence).

Il est primordial que l'Homme d'Alliance ait un cœur entier à Dieu, et, à la vision que Dieu lui communique. Afin de garantir, la réussite du projet, de la vision que vous avez reçu. Que le cœur soit tout entier à Dieu. Et c'est le plus grand de tous les commandements.

Matthieu 22 : 37-38 « *Jésus lui répondit : --- Tu aimeras le Seigneur, ton Dieu, de tout ton cœur, de toute ton âme et de toute ta pensée.*

C'est là le commandement le plus grand et le plus important.--- » **Bible Semeur.**

Si votre cœur n'est pas prêt à souffrir, du fait de votre attachement à Dieu et à Jésus. Mais aussi, vous soumettre à Sa volonté ; s'agissant des orientations qu'IL vous donnerait pour l'établissement de Son Règne et l'accomplissement de cette vision, une Alliance avec Lui, ne peut être d'actualité. Quoique vous ayez la promesse. Sauf si au préalable cette base a été atteinte.

I Rois 8 : 61 « *Que votre cœur soit tout à l'Eternel, notre Dieu, comme il l'est aujourd'hui, pour suivre Ses lois et pour observer Ses commandements* » **Louis Segond.**

I Rois 3 : 9-11 « Accorde *donc à Ton serviteur un cœur intelligent pour juger Ton peuple, pour discerner le bien du mal ! Car qui pourrait juger Ton peuple, ce peuple si nombreux ?*

Cette demande de Salomon plut au Seigneur. » **Louis Segond.**

Oui, le cœur vous ouvre aux grâce surabondante de Dieu. Et vous permet d'avoir toute Son attention. Mais, également Lui permet de vous faire confiance les yeux fermés. Eventuellement vous l'aurez compris en substance que je parle, d'un cœur bon. Et pour atteindre ce cœur, quoi de tout simple que de faire la même prière de Salomon. Mais, dans la sincérité de cœur.

DIEU ENTRE EN ALLIANCE

Esaïe 55 : 10-11 « *... la pluie et la neige qui descende du Ciel n'y retournent jamais sans avoir arrosé et fécondé la terre, sans avoir fait germer les graines qui s'y trouvent, sans fournir au semeur le grain qu'il doit semer, et sans donner du pain à tous ceux qui le mangent.*

Il en sera de même de la parole que J'ai prononcée : elle ne reviendra jamais vers Moi à vide, sans avoir accompli ce que je désirais et sans avoir atteint le but que Je lui ai fixé. » **Semeur**.

Lorsque Dieu entre en Alliance, IL libère une parole ; une parole qui en dit long sur les buts qu'IL poursuit. La parole libérée aura pour but de résoudre un problème que le Ciel constate sur la Terre. De ramener un certain ordre dans ce domaine, en permettant au Royaume des Cieux, de pouvoir garder la Lumière Divine dans le cœur d'une génération.

L'Alliance offre à Dieu, un cadre légal dans lequel, IL pourrait grâce au partenariat nouveau, assurer les intérêts du Royaume des Cieux sur la Terre, et de Ses élus ou enfants et fils.

L'Alliance suppose que Dieu, grâce à l'accord tissé avec une personne a accès à toute une génération qui se cache derrière cette personne. Tout comme un cultivateur en plantant sa semence d'arachide, aura accès à une multitude de coque d'arachide ; de même l'Alliance permet à Dieu d'avoir accès à tout ce qui sortirait de cette personne. Car, tout Lui appartiendrait légalement, du fait d'être le planteur. Et le cultivateur.

Lorsque Dieu se révèle à Isaac, IL le fait n'ont pas directement à cause du fait, qu'Isaac ait accepté d'être à Son service. Mais, parce qu'une Alliance a été tissé avec Abraham son père. Car, l'Alliance donne le droit à Dieu de bénir, de garder, et de veiller, sur tous ce qui nous appartient.

Genèse 26 : 1-3 « *A cette époque-là, il y eut de nouveau une famine dans le pays, comme naguère au temps d'Abraham. Alors Isaac se rendit à Guérar chez Abimélek, roi des Philistins.*

En effet, l'Eternel lui était apparu et lui avait dit : --- Ne descends pas en Egypte ! Fixe-toi dans le pays que Je Te désignerai.

Séjourne dans ce pays-ci. Je serai avec toi et Je Te bénirai. Car c'est à toi et à ta descendance que Je donnerai tous ces territoires. J'accomplirai ainsi le serment que J'ai fait à ton père Abraham--- » **Semeur**.

L'objectif, derrière le fait qu'IL s'intéresse à Isaac est le fait pour Lui, de continuer son œuvre. Et de veiller aux intérêts du Royaume des Cieux ; sachant que l'ordre a été donné à Adam de cultiver le jardin ; en d'autres termes de l'étendre, de veiller à ce qu'il garde toujours sa verdure, comme un olivier verdoyant. Mais, également de montrer Sa fidélité envers Son serviteur Abraham.

Genèse 2 : 15 « *L'Eternel Dieu prit l'homme et l'établit dans le jardin d'Eden pour le cultiver et le garder.* » **Semeur**.

Entrer en Alliance avec Dieu, suppose avoir reçu un mandat divin. Car, l'Alliance confère à celui/celle qui en ait le/la porteur (se) une autorité spirituelle : la grâce et la capacité, d'imposer au monde spirituel certains arrêtés que prendrait la personne ayant reçu ledit mandat, tout ceci, dans le but visé, de la réussite du projet.

Matthieu 16 : 19 « *Je Te donnerai les clefs du Royaume des Cieux : ce que tu lieras (interdira, déclarera être incorrecte ou illicite) sur la Terre sera lié dans les Cieux, et ce que tu délieras (permettras, déclareras licite) sur la Terre sera délié dans les Cieux.* » **Bible détaillée**.

Il n'y a aucune Alliance qui soit tissée avec Dieu, sans que la personne qui l'a tissée ne reçoive de Dieu, l'influence spirituelle sur ces contemporains, ainsi que sur le monde angélique.

Lorsque, Abimélek se trouve lui et sa maison frappée de stérilité, Dieu ne pouvait l'épargner de ce jugement que si, Abraham le juste priait pour lui. Car, Abraham était entré en Alliance avec Dieu. Et cela supposait alors, pour le Ciel d'accorder le salut, la délivrance à Abimélek et à sa maison, que par la seule volonté d'Abraham, de le lui accorder.

Genèse 20 : 2-7 « *En parlant de sa femme Sara, il disait : « C'est ma sœur ! » de sorte qu'Abimélek, le roi de Guérar, la fit enlever.*

Mais Dieu visita Abimélek de nuit en songe et lui dit : --- Tu vas mourir, à cause de cette femme que tu as enlevée, car elle est mariée.

Or Abimélek ne s'était pas encore uni à elle. Il s'écria : ---Mon Seigneur, frapperais-Tu des innocents ?

Son mari lui-même ne m'a-t-il pas dit : « C'est ma sœur ? » D'ailleurs, elle-même me l'a confirmé en affirmant : « C'est mon frère. » C'est en toute bonne conscience et avec innocence que j'ai agi ainsi.

Dieu lui répondit en songe : --- Je sais, Moi aussi, que tu as agi en toute bonne conscience. C'est pourquoi Je t'ai empêché de commettre un péché contre Moi et Je ne t'ai pas laissé la toucher.

Maintenant, renvoie cette femme à son mari, car c'est un prophète. Il priera pour toi et tu resteras en vie. Si tu ne la lui rends pas, sache que tu mourras, toi et tous les tiens. » **Semeur**.

Car, bien que la volonté de Dieu ait été de délivrer Abimélek de cette stérilité,et de la mort, elle devait se faire au travers, d'un homme d'Alliance. Cela peut vous paraitre étrange, que Dieu se soumette à la volonté de son oint, et en soit limité dans son action. Mais, c'est pour mettre de l'ordre sur la Terre, que Dieu organise et hiérarchise la société, de sorte que nous puissions respecter l'autorité et que l'existence ci bas soit ordonnée.

Romains 13 : 1 *« Que tout homme se soumette aux autorités supérieures, car il n'y a pas d'autorité qui ne vienne de Dieu, et celles qui existent ont été mises en place par Dieu. »* **Semeur**.

Un des dangers serait de considérer l'Alliance comme un contrat. L'alliance n'est pas un contrat ; le contrat repose sur une prestation de service, qui réclame un dividende : un salaire.

L'alliance va bien au-delà de la prestation de service. Elle ne s'apparente pas une prestation de service dans le fond. Elle est un accord, qui repose sur une même vue de la vie, et sur le désir de se soutenir pour réaliser l'objectif qui est devenu commun aux deux parties. Et bien plus qu'un désir, c'est un engagement sans restriction. Parce qu'elle s'appuie sur l'honnêteté et l'honneur des deux parties.

Tout le contraire du contrat qui repose sur le profit que la personne en tire. C'est pourquoi plusieurs parmi nous sommes prêts à lâcher le Royaume des Cieux du fait, de ne pas être en alliance avec le Ciel ; mais en prestation de services.

La vie ne s'évalue pas sur des sentiments, mais sur l'objectivité (l'objectif à atteindre certaine chose précise) et la responsabilité qui est notre, dans cette démarche.

La responsabilité est le fait de conscience que je ne peux ne pas agir, ou me lever, pour résoudre ce problème... le terme parait fort pour l'homme, mais la responsabilité est à la portée de tous. La responsabilité conçoit à être dérangé, même quand la norme ne la tolère pas ; elle exige une oreille attentive, et une bouche silencieuse pour donner par la suite, la parole à propos.

La norme est le minimum que l'on puisse attendre d'une personne (ce qui doit être défendu par tous, ce qui met tout le monde d'accord), et le responsable visera toujours la norme, pour tous ceux qui l'entourent ; mais pur lui, il ira bien au-delà de la norme du fait de sa responsabilité ; ce qui explique qu'il pourrait travailler plus que tous les autres, aller au-delà des heures normales, tout cela pour la réussite du projet…

Cela est d'autant essentiel de pousser, la compréhension de l'Alliance sur ces éléments pour lesquels nous n'attachons pas souvent du prix.

La sécurité de l'alliance viendrait également du fait que vous soyez un homme/femme de parole. Or, la parole est l'esprit de la personne même, sa dignité, son essence (ce qu'elle est réellement, ce qu'elle vaut) ; elle n'est pas une partie de lui, mais elle est la personne ; être un homme de parole, c'est avant tout être un homme digne, un homme d'honneur, d'actions, qui concrétise et matérialise ses promesses. En stratégie, il y a toujours une table de décision, et sur cette table de décision ne peuvent siéger que les hommes d'honneur, de paroles à la compréhension élargi de la vie. Et Dieu ne travaille qu'avec les hommes de paroles. Car, ils sont les mêmes comme leur Seigneur Jésus-Christ :

Hebreux 13 : 8 *Jésus-Christ est le même hier, aujourd'hui et éternellement.* **Louis Segond.**

Quel que soit les retards qu'ils peuvent si cela était le cas rencontrer, ils agiraient, néanmoins à œuvrer à s'appliquer à honorer à leurs engagements.

Quelques pensées :

Un responsable : est établi afin de garantir que les objectifs seront tous atteints, dans l'idéal. Ou que l'on s'y rapprocherait le plus près possible.

Il incarne à la fois l'ordre, la discipline et la rigueur nécessaire à la réalisation des objectifs, qui lui ont été fixé, grâce à son caractère.

Il est pleinement conscient que cette hiérarchisation de la société, à laquelle il participe, au travers de la fonction qu'il occupe est antérieure à sa personne, et personnalité ; de ce fait, il se doit de la respecter en veillant à ne pas l'éclabousser de scandale, ou à la dégrader par des attitudes, ou habitudes inconvenantes qui auraient pour conséquences néfastes, de créer de l'indifférence dans le cœur de ses contemporains, à l'égard de ce pouvoir qu'il incarne.

La décision : est l'orientation qu'une personne donne à son futur ; elle l'engage dans les conséquences qui en découlent.

De part, le libre arbitre qu'IL nous a donné, Dieu ne prendra jamais de décisions à notre place. Mais, nous éclairera pour que nous fassions le choix le meilleur. Avoir ce courage de décision, s'est faire montre de responsabilité.

Nous avons ouvert une très longue parenthèse à laquelle, je me proposais de nous permettre d'avoir une compréhension plus élargi du domaine spirituel.

Je vous propose à présent de boucler l'écriture de ce livre, par l'étude de la hiérarchisation des saints anges.

Les saints anges

Bien ! dans cette partie, je vais surfer sur les écrits de Denis l'Aréopagite, qui est encore jusqu'à aujourd'hui une bénédiction pour tous ceux qui ont ce désir de profondeur dans ce domaine ; en surfant, bien évidemment je vais expliquer certains détails spécifiques tirer de ma propre expérience. Vous l'aurez certainement compris : en vous la partageant je pense également, que cela vous serait avantageux.

Cette partie visera à nous permettre de déterminer, les anges affectées autour de nous. Et savoir par conséquent pour certains ce qui nous est permis, grâce à la connaissance de leur spécificité.

Il existe trois grandes triades des êtres célestes, composés comme suit :

Premier Triade :

- Principautés ;
- Archange ;
- Ange.

Deuxieme Triade :

- Les dominations ;
- Les vertus ;
- Les puissances.

Troisieme Triade :

- Les séraphins ;
- Les chérubins ;
- Les vertus.

Dans leurs spécificités particulières :

Les anges : correspondent au premier niveau dans la hiérarchie céleste, des êtres qui interagissent directement avec les hommes. Ils ont pour mission de veiller sur les enfants du Royaume, de les sécuriser devant les attaques et pièges que peuvent tendre contre eux les agents et esprits de ténèbres. Une sorte de garde du corps rapproché qui ne vous quitte jamais du regard. Leur mission ne se limite qu'à vous protéger, servir et aider dans le service spécifique que vous avez reçu par grâce de la part d'El Elyon. Ainsi qu'à établir des rapports au Père, concernant votre marche, et vos défis. Tout ce qui irait au-delà de cette tâche serait conduit, par un être céleste de catégorie différente.

Luc 4 :10-11 *IL donnera des ordres a Ses anges à ton sujet, afin qu'ils te gardent ;*

Et ils te porteront sur les mains. De peur que ton pied ne heurte contre une pierre. **Louis Segond.**

Matthieu 18 : 10 *Gardez-vous de mépriser un seul de ces petits ; car Je vous dis que leurs anges dans les Cieux voient continuellement la face de Mon Père qui est dans les Cieux.* **Louis Segond.**

Ils voient la face de Mon Père ⟶ Pour Lui rendre compte de leurs différentes situations.

Les archanges : sont des êtres célestes de deuxième catégorie, ayant pour principale mission celle de veiller sur des nations. Ils ont sous leur direction de nombreux anges de combats ; leur groupement pourrait être considéré comme l'armée des Cieux, devant intervenir en cas de bataille contre les enfers ou des légions d'esprits de ténèbres en vue d'établir ou de rétablir l'ordre divin.

Apocalypse 12 : 7 *Et il y eut guerre dans le Ciel. Michel et ses anges combattirent contre le dragon. Et le dragon et ses anges combattirent,*

Mais ils ne furent pas les plus forts, et leur place ne fut plus trouvée dans le Ciel. **Louis Segond.**

Exode 12 : 41 *Et au bout de quatre cent trente ans, le jour même, toutes les armées de l'Eternel sortirent du pays d'Egypte.* **Bible Détaillée.**

Les armées de l'Eternel ⟶ les êtres célestes protégeant Son peuple en Egypte.

Matthieu 26 : 52-53 *Alors Jésus lui dit : Remets ton épée a sa place ; car tous ceux qui prendront l'épée périront par l'épée.*

Penses-tu que Je ne puisse pas invoquer mon Père, qui me donnerait à l'instant plus de douze légions d'anges ? **Louis Segond.**

Les principautés : sont des êtres célestes de niveau 3 ; elles représentent la catégorie la plus élevée de la première triade. Ayant en héritage des domaines étendu de territoire sur lesquels elles établissent le règne de Dieu en ce qui concerne le Royaume des Cieux, administrent à une échelle réduite, le territoire qui leur est échu afin d'atteindre les objectifs qui leur ont été fixés. Elles travaillent à créer une certaine harmonie au sein des différentes cultures ; Et à la préservation de la nature ;

Daniel 10 : 13, nous présente une principauté appartenant au royaume des ténèbres. Certes l'exemple semble ne pas être appropriée. Mais, dans le principe cela demeure à quelques exceptions que : la principauté des ténèbres œuvrera non pas à créer une harmonie entre les peuples ; mais à asseoir des tyrannies et établir le royaume des ténèbres, sur ledit territoire.

Deuxième triade

Les puissances : Ange de niveau 4, c'est la garde d'élites du Ciel, manifestant à la hauteur de la grâce de Dieu la puissance d'El Elyon ; elles sont à l'origine de la créativité des troupes d'élites (hommes) tant en matière d'armements que de stratégies militaires, de renseignements ; se sont de fins stratèges. Tsahal, le Shinbet, le Mossad d'Israël en est le parfait exemple d'une collaboration avec ces êtres célestes. Peut-être pas de manière consciente pour les uns, mais qui existe néanmoins.

Dans le cadre de l'armée, ou des forces de défense, il faut savoir que chaque intronisation est en réalité non pas, un simple geste à caractère purement figuratif. L'exemple peut aussi bien, s'utiliser pour tout autre cas. Pour revenir à notre exemple, nous disions que, toute intronisation, ou ordination est l'affectation d'êtres spirituels à la nouvelle autorité, devant l'accompagner dans l'exercice de ses nouvelles fonctions.

Nous y reviendrons dessus un peu plus loin ;

Les vertus : Etres célestes de niveau 5 ; elles aident à garder l'équilibre entre les lois Divines et les lois de la nature. Un exemple à notre portée à tous, serait d'être confronté à des désirs sexuels, ce qui correspond à des lois naturelles. Mais, les lois divines nous recommandent de les assouvir uniquement avec, son/sa mari/femme. Et par leur influence, nous permettrait de faire le bon choix selon Dieu.

Lorsque cela est nécessaire, elle peut faire cesser un bref instant, le fonctionnement de la nature et laisser place au pouvoir spirituel : c'est ce que l'on appelle un miracle ; elles peuvent également intervenir pour influencer les choix d'un individu qui s'écarterait du chemin tracer par Dieu, par une succession de prise de conscience.

Ainsi, au côté de Moise, d'Esaie, de Jésus, des apôtres ces êtres célestes étaient à l'œuvre. Pour lorsque nécessaire, ils pouvaient réaliser des miracles ou des prodiges. Car, ils portent le Nom de Dieu en eux ; c'est-à-dire : ils ont une autorité déléguée leur permettant de réaliser les desseins de Dieu en arrêtant quelques fois le cours de la nature et des lois établis par Dieu. Comme elles portent en elles le Nom de Dieu, elles n'agissent que selon Sa volonté et au moment qu'IL le désire.

Exode 23 : 21 *Tien-toi sur tes gardes en sa présence, et écoute sa voix ; ne lui résiste point, parce qu'il ne pardonnera pas vos péchés, car Mon Nom est en lui.* **Louis Segond.**

2 Rois 20 : 8-11 *Ezéchias avait dit à Esaïe : A quel signe connaitrai-je que l'Eternel me guérira, et que je monterai le troisième jour à la maison de l'Eternel ?*

Et Esaïe dit : Voici, de la part de l'Eternel, le signe auquel tu connaitras que l'Eternel accomplira la parole qu'IL a prononcée : L'ombre avancera-t-elle de dix degrés, ou reculera-t-elle de dix degrés ?

Ezéchias répondit : c'est peu de chose que l'ombre avance de dix degrés ; mais plutôt qu'elle recule de dix degrés.

Alors Esaïe, le prophète, invoqua l'Eternel qui fit reculer l'ombre de dix degrés sur les degrés d'Achaz, ou elle était descendue. **Louis Segond.**

Josué 10 : 12-13 *Alors Josué parla a l'Eternel, le jour ou l'Eternel livra les Amoreens aux enfants d'Israël, et il dit en présence d'Israël : Soleil, arrête-toi sur Gabaon. Et toi, lune, sur la vallée d'Ajalon !*

Et le soleil s'arrêta, et la lune suspendit sa course. Jusqu'à ce que la nation eut tire vengeance de ses ennemis. Cela n'est-il pas écrit dans le livre du Juste ? Le soleil s'arrêta au milieu du Ciel. Et ne se hâta point de se coucher, presque tout un jour. **Louis Segond.**

Dominations : Etres célestes de niveau 6. Officier supérieur de l'Armée des anges. Elles appartiennent au quartier général des opérations célestes ; coordonne toutes les taches affecter aux anges de niveaux inferieur au sien ; c'est le niveau le plus élevé des anges qui interagissent avec l'humain ; elles ont un caractère plus administratif. Quoiqu'en matière de puissance, elles sont au-dessus des chœurs des êtres célestes qui lui sont inférieurs.

Troisième triade

Les Trônes : sont des êtres de niveau 7, qui, ne s'intéressent nullement aux choses de la Terre, mais uniquement à Dieu. Leur mission essentiel est la contemplation de Dieu. Et le partage de leur compréhension du monde spirituel aux hiérarchies inferieures.

Les chérubins : sont des êtres célestes de niveau 8 ; Appeler à connaitre Dieu et à L'admirer. C'est l'un des chœurs les plus proches de Dieu ; Se sont des êtres hauts placés qui ont une connaissance des plus élevées de la puissance de Dieu, Sa grandeur, Son autorité, Sa splendeur et Majesté ; ils sont le symbole de l'Alliance, ceux qui la garde ; la plénitude de la science ou le débordement de sagesse ; (ils possèdent la science des mystères divins).

Ezéchiel 28 : 11-15 *L'Eternel m'adressa la parole en ces termes :*

Fils d'homme, prononce une complainte contre le roi de Tyr. Dis-lui :<< Ainsi te parle le Seigneur, l'Eternel : Par ta grande sagesse et ta beauté parfaite, tu étais un modèle de perfection.

Tu étais en Eden, dans le jardin de Dieu. Tu étais recouvert des pierres très précieuses de toutes les espèces : rubis, topaze et diamant, chrysolithe et onyx, jaspe, saphir, escarboucle, émeraude. Tes tambourins, tes fifres étaient d'or ouvragé, ils furent préparer le jour même où tu fus créé.

Or, Je t'avais placé avec un chérubin ayant rôle de protecteur ; C'est pourquoi Je t'ai oint sur ma montagne sainte. C'est là que tu étais. Tu allais et venais au milieu de ces pierres aux feu étincelants.>> **Semeur**.

Les Séraphins : Sont des êtres célestes de niveau 9 : ils constituent le plus haut degré de la connaissance de Dieu. Les séraphins de seraphim sont si brulants, lumineux qu'aucune ténèbres ne peut s'approcher du Trône de Dieu ; il signifie lumière et chaleur, l'ardeur et l'intensité de leur engagement envers Dieu ; sur eux se détalent les splendeurs de Sa gloire.

Anges ?

Les différents noms de la hiérarchie des êtres célestes caractérisent, les essences de ces esprits. Ce qu'ils sont et leur but dans l'existence.

On retient que les anges sont à la fois, une caractérisation d'un chœur d'être céleste ; mais également, une fonction ou, un rôle que peut exécuter un être céleste. Ce qui peut sous-entendre, qu'une domination puisse être affectée à un homme, quoique cela ne soit pas toujours courant. Ou encore qu'un être céleste tel un chérubin soit affecté à un homme. Au vu de cette étude, je dirais que Daniel a travaillé avec des chérubins : des êtres ayant la plénitude de la connaissance et de la sagesse.

Ainsi, selon la mission une catégorie d'ange nous est octroyée. Nous comprenons que le nombre des êtres célestes sont des myriades de myriades. Et que nous ne pouvons l'imaginer, ni le quantifier ; ce qui laisse à comprendre qu'il n'existe pas uniquement trois chérubins, ou deux séraphins etc… leurs nombres sont bien infiniment au-delà de la population terrestre de 7 milliards d'habitants.

A supposer que deux saints soient dans un même service, la hiérarchie spirituelle sera dans un premier temps établit par l'essence, le rang qu'occupe l'être céleste le plus élevé qui accompagne, chacun d'eux. Bien qu'aux yeux de tous, l'un d'entre eux puisse ne pas avoir des fonctions ecclésiastiques publiques. La présence des êtres spirituels permettra d'établir cette hiérarchie spirituelle. En effet, supposons que l'un des enfants du Royaume est l'un a ses cotes Michael et un autre, un ange de combat, il va sans dire que cette distinction suppose un avenir plus important pour celui marchant avec Michael. Par conséquent, une autorité plus grande que son frère ; bien que son frère le soit également.

Mais, au-delà de cette distinction, et de cette prédestination, la distinction divine sera faite selon le niveau d'obéissance des deux. Cette distinction divine sera le résultat, ou la conséquence d'une vie de fidélité à El Elyon. Ce qui diffère d'une autorité qui accompagne essentiellement une fonction.

Les archanges recteurs :

Au-dessus de ces différents chœurs des êtres célestes, se trouvent positionner des archanges recteurs : les principaux chefs célestes.

- Gabriel => Anges ;
- Mikhael => Archanges ;
- Haniel => Principautés ;
- Raphael => Vertus ;
- Kamael => Puissances ;
- Tsakiel => Dominations ;
- Tsaphkiel => Trônes ;
- Raziel => Chérubins ;
- Metatron => Séraphins ;

Quelques réflexions

Le pouvoir a toujours été la propriété du conseiller.

La maturité peut se résumer à une capacité de compréhension très élevée de la vie, et a une prise de décision toujours réfléchis, mesurée et pesée.

L'impatience est une forme d'instabilité criarde, qui conduit nécessairement au regret.

Pour décider un leader a besoin de deux facteurs essentiels : le calme d'esprit, et l'oreille attentive à la remarque ou au conseil.

Le pouvoir du conseiller est immense, c'est sa volonté qui finit toujours par être adoptée ; évidemment, la volonté de l'un des conseillers.

La fermeté est le gage de sécurité d'un esprit intelligent, qui a longtemps d'avance étudier tous les scenaris possibles. Et qui a décidée de préserver l'acquis obtenu.

Un homme prudent se laisse difficilement surprendre par le temps, évidemment sa capacité à prévoir le conduit toujours dans l'anticipation de l'avenir.

L'avenir est incertain, mais l'intelligence est la clef d'adaptation a un avenir incertain.

Le pouvoir marche avec la sagesse, car il est trop dangereux entre les mains d'un insensé, qui voit l'émotion comme un feu vert à toute action possible.

Le pouvoir s'interroge toujours, sur ce qu'il souhaite établir, comme legs au génération présente et future.

S'il existe une adéquation entre le pouvoir et la vision, il n'en existe pas toujours entre la réalisation et le peuple ; mais, le temps finit par les rassembler ;

Certaines fois, le tyran confond tyrannie et pouvoir ; en effet, la tyrannie est un aveu d'incapacité à mettre tout le monde d'accord à suivre certaines idées ; le pouvoir quant à lui se montre rassembleur.

A la table de décisions, le tyran fait appel au trio connaissance, malice et folie. Hum ! Connaissance tu n'es pas à ta place.

La connaissance offre des opportunités, l'intelligence crée la réussite et la sagesse préserve les acquis.

La sécurité de la connaissance reste l'intelligence, et la sagesse qui l'entoure. Car la malice et la folie sont toujours à l'affût, pour la copter. Evidemment, elle offre tant de possibilités de réalisation à quiconque la possède.

Pour s'élargir et demeurer, le pouvoir a besoin de l'association des trois sœurs : la connaissance, l'intelligence et la Sagesse.

L'intelligence est la plus éclatante des trois, la sagesse se montre o combien discrète mais incontournable et la connaissance comme une ouverture a autre chose que nous. Mais dans cette symphonie, elles nous font énormément du bien.

Parfois, les décisions de la sagesse paraissent incompréhensibles. C'est normal, les comprendre nécessite de la science, et une science très élevée.

Que peut-on attendre du pouvoir ? qu'il sache se montrer digne, en soutenant le droit.

Le pouvoir est magnifique. Il soulage le malheureux et offre à l'indigent une possibilité de réalisation ; ce qui contraste avec la tyrannie, qui, elle se délecte de la souffrance des personnes qui l'entoure, et aime à les garder dans cet état.

Le pouvoir se conjugue pour un futur radieux. La tyrannie elle, pour un futur des plus misérable.

Regarder, le pouvoir porte sur lui des chaussures de justices, un manteau de vérité qui témoigne sa détermination à œuvrer pour le bien, une épée symbole de la droiture de son cœur. Sur sa tête une couronne manifestant la pérennité de son règne. O vis à jamais Roi !

La souffrance est un jardin qui nous permet de cultiver des dispositions, nous permettant soit de rencontrer le diable ou dans le meilleur des cas possible Dieu ;

La théophanie est une image nous permettant, de percevoir autant que possible Dieu, en élevant notre connaissance jusqu'à nous former une image se rapprochant de plus en plus de Dieu ;

Proclamations

Que le Seigneur Dieu, le Dieu Très-Haut te facilite dans toutes tes voies, pour la gloire de Son saint Nom, dans le Nom puissant de Jésus. Amen !

Que le Bras tendu du Dieu Très-Haut, soit posé sur toi, ta femme, tes enfants, tes collaborateurs et tes enfants et fils spirituels dans le Nom puissant, glorieux et magnifique de Jésus. Amen !

Que le Dieu Très-Haut favorise, tout ceux qui t'aiment et t'aident dans la mesure du possible, avec gloire en Son saint Nom, dans le Nom redoutable de Jésus. Amen !

Que tous ce que tu touches, ou toucheras soit d'or, par la puissance du Dieu Très-Haut dans le Nom hautement puissant de Jésus. Amen !

Que ta vie reflète, la gloire du Dieu Très-Haut, et qu'elle soit une source d'inspiration, qui facilite plusieurs à s'attacher au Dieu très-Haut et à réformer leur voie avec Lui, dans le Nom impressionnant de Jésus. Amen !

Que cette génération découvre le Dieu Très-Haut, sa capacité, sa gloire par le témoignage vivant de ta vie, dans le plus beau de tous les noms, le Nom de Jésus. Amen !

Dans ta vie tu rencontreras des batailles, mais je proclame et prophétise que tu en sortiras toujours vainqueur, par la puissance de Celui qui peut affermir toute chose par Sa Parole puissante, dans le Nom qui surpasse tous autres noms : le Nom de Jésus. Amen !

Personne n'écourtera ta vie, celle de ta femme et de tes enfants, aussi vrai que Dieu règne dans les Cieux et sur la Terre ; dans le Nom le plus élevé : le Nom de Jésus. Amen !

Que les ennemis du plan et projet du Dieu Très-Haut soient pris à leur propre filet en remplacement de ta vie, et celle de ta femme et de vos futurs enfants, dans le Nom majestueux de Jésus. Amen !

Que l'Eglise de Jésus règne dans cette ère nouvelle, de l'éclat de Sa gloire et brille plus qu'elle n'a brillé par le passé, dans le Nom de Celui traverse tous les âges : dans le Nom de Jésus. Amen !

Je proclame les temps de Daniel, dans le Nom très saint de notre Dieu : dans le Nom de Jésus. Amen !

Je proclame la mort de ncr dans le Nom de Jésus.

Dans le Nom de Yeshua Ha Mashia, moi, ma femme et nos enfants sommes des serviteurs pour toujours et à perpétuité du Dieu Très-Haut. Amen !

Je proclame que les puissances des ténèbres sont à terre et humiliées en cette ère de Daniel et de l'Eglise, dans le Nom le plus beau de tous les fils des hommes et des êtres et créatures qui existent : dans le Nom de Jésus. Amen !

Conclusion

C'est au moyen des hommes d'alliances, que le réveil est possible ; et que de grands changements positifs deviennent la réalité et la portion des élus de Dieu et des nations. Car, ils sont porteurs de la grâce du Dieu vivant. Et tous les autres entrent s'ils le veulent dans ces sous alliance avec Dieu.

La réponse de Dieu aux problèmes des hommes vient au travers des hommes d'alliances. Personne d'autre, ne peut apporter le Jésus Tout-Puissant, ou Créateur, ou Très-Haut si ce n'est les hommes d'alliance.

Comprendre l'Alliance avec cette ouverture d'esprit, nous permet de considérer les choses à leur place. Notamment, que les choses éternelles ont plus d'importance que les choses passagères. Que les responsabilités divines requièrent à être considérées et élevées au-dessus de nos intérêts personnels. Que leurs fruits sont éternels en comparaison à celui des œuvres passagères.

Ma nourriture est de faire la volonté de Celui qui M'a envoyé.

Printed by Books on Demand GmbH, Norderstedt / Germany